Kerstin Haver

Corona sei Dank!

Kerstin Haver

Corona sei Dank!

Irgendwie müssen wir ja zur Besinnung kommen!

Trainerverlag

Imprint

Cover image: www.ingimage.com

Publisher:
Der Trainerverlag
is a trademark of
International Book Market Service Ltd., member of OmniScriptum Publishing Group
17 Meldrum Street, Beau Bassin 71504, Mauritius
Printed at: see last page
ISBN: 978-620-2-49498-4

Inhaltsverzeichnis

CORONA SEI DANK!

Irgendwie müssen wir ja zur Besinnung kommen!

Einführung

Seit annährend 2.000.000 Millionen Jahren existieren auf der Erde Lebewesen, die in ihrer Form stets den Menschen von heute geglichen haben. Im Unterschied zu Tieren besitzen die Menschen gut ausgebildete Hände, die feinmotorisch in der Lage sind,

Werkzeuge und Gebrauchsgegenstände differenziert herzustellen, die das Leben zunehmend erleichtert haben. Außerdem besitzen menschliche Lebewesen ein Gehirn, dass sie in die Lage versetzt, zu denken und zu planen, was sie zu der Fehlannahme führt, das Leben kontrollieren zu können.
Solange die ersten Menschen noch als Jäger und Sammler unterwegs gewesen sind, waren die Umstände nicht dazu geeignet, die Kontrolle bewahren zu können. Die damals lebenden Menschen lebten von der Hand in den Mund und waren deshalb gezwungen sich den vorherrschenden Bedingungen anzupassen. Dafür zogen sie Herden hinterher, die ihnen das nötige Fleisch liefern konnten und mussten nach Wurzeln, Beeren und anderen essbaren Nahrungsmitteln suchen. Um zu überleben mussten sie in Gruppen zusammenarbeiten, wobei die Rollen klar verteilt waren. Jeder wusste um seine Position und hat die damit verbundene Verantwortung übernommen. Das galt auch für die Kranken, Schwachen und Sterbenden, die nicht die Erwartung hatten, dass die Gemeinschaft sich um sie kümmern müsste. Jeder, der keine Funktion mehr für die Gruppe hatte, wurde gleichzeitig zur Belastung und damit überflüssig.
Der tägliche Überlebenskampf war für alle Beteiligten jederzeit anstrengend und belastend, und die Angst, den Kampf zu verlieren allgegenwärtig, genauso wie die Anwesenheit anderer Menschen, die als Konkurrenten im andauernden Überlebenskampf die Lage zusätzlich belastet haben. Da auch diese Menschen mit der gleichen Absicht unterwegs waren, kam es einer erbitterten Rivalität, um das Wenige was vorhanden war. Dabei machten die Menschen erste Erfahrungen mit ihresgleichen, und erlebten dabei Rücksichtslosigkeit und Skrupellosigkeit. Je nachdem, ob man als Sieger aus dem Konkurrenzkampf herausgegangen ist, oder als Verlierer ohne Fleisch nach Hause gehen musste, entwickelte sich daraus eine Haltung, die

man Menschen gegenüber einnimmt, die ähnliche Interessen haben wie man selber. Der Sieger nämlich, der mit dem überlebenswichtigen erlegten Tier zurück nach Hause kommt, hat den Fortbestand der Gemeinschaft abgesichert und wird von dieser dementsprechend gefeiert und wertgeschätzt. Diejenigen aber, denen dieser Erfolg nicht möglich gewesen ist, weil entweder das Tier oder die Konkurrenz zu stark gewesen ist, muss das Leid und den Hunger seiner Gruppe erleben. Unabhängig davon, ob die Gruppenmitglieder ihn öffentlich dafür angreifen, reicht es zu wissen, dass sie unter Hunger und damit unter dem Versagen des Jägers zu leiden haben. Dabei galt der Respekt und die Anerkennung der Gruppe in den früheren Zeiten dem Jäger, der loszieht und durch seine Arbeit das Überleben der Gruppe absichert, indem er sie mit dem nährt, was sie für ihre Existenz benötigen und dafür alle anderen äußeren Feinde beseitigt. Die dabei erlernte Abhängigkeit bezieht sich den Glauben, nur durch die Stärke eines anderen mit überlebenswichtiger Nahrung versorgt werden zu können.

Das Selbstwert und das Selbstbewusstsein der Menschen aber, die sich in dieser Abhängigkeit als hilflos und machtlos erlebt haben und von dem Erfolg ihres Jägers existentiell abhängig geworden sind, hat dabei enorm gelitten. Noch heute kann man die Menschen in zwei Gruppen aufteilen: einerseits, diejenigen Menschen, die losziehen, um zu kämpfen, um auf diese Weise Verantwortung zu übernehmen, und andererseits, der Menschentyp, der sich als Opfer fühlt, weil sie niemals gelernt haben, Verantwortung für sich selber zu übernehmen.

Im Laufe der Evolution haben die Menschen ihre Möglichkeiten zu denken ständig verbessert und dabei die Kausalität kennengelernt. So haben sie zum Beispiel den Zusammenhang hergestellt, dass wenn sie ein Tier oder einen Feind leichter töten wollen, dann müssen sie etwas Schweres, Scharfes oder Spitzes haben, um die schützende

Grenze des anderen leichter durchbrechen zu können und sich auf diese Weise als der Sieger im Überlebenskampf durchzusetzen. Sie haben die Beziehung von „Wenn ich etwas haben möchte, dann muss ich dafür die Bedingungen herstellen" nicht nur verstanden, sondern auch die entsprechenden Pläne und Strategien entwickelt, und sich damit das Leben immer leichter und bequemer gemacht. Dabei entwickelten diejenigen Menschen Vormachtstellungen, die entweder besonders gute Ideen und/oder die Stärke und den Mut hatten, diese durchzusetzen. Die erfolgreiche Umsetzung der konstruktiven Pläne führte dazu, dass alle Menschen von den Erleichterungen ihres Alltags durch geeignete Werkzeuge profitieren konnten, aber nur wenige waren an der erfolgreichen Durchführung oder dem kreativen Entwicklungsprozess beteiligt, sodass sich die gesellschaftliche Ordnungsstruktur stark verändert hat. Da wo bisher alle Menschen gleichwertig am Überlebenskampf beteiligt waren, gab es nun einige Wenige, die für die Gemeinschaft wichtiger waren und dafür Sonderstellungen erhielten. Deshalb ließen sie sich ihre Ideen oder ihre Durchsetzungskräfte, die für den Fortbestand der Gruppe und deren Lebensqualität elementar wichtig waren, sowohl materiell als auch in Form von Respekt und Ansehen bezahlen.
Eine der ganz großen und die Welt verändernden Denkanstöße war die Überlegung der Vorteile der Sesshaftigkeit. Wenn man an einem Ort bleibt, kann man die benötigten Nahrungsmittel anbauen und die Nutztiere züchten und von der Weide weg bei Bedarf schlachten. Weitere Vorteile bestanden eindeutig darin, dass man sich feste Behausungen erschaffen konnte, die zunehmend besser ausgestattet und damit bequemer, aber auch sicherer, im Schutz gegen äußere Feinde, geworden sind.
Ein gesundes und harmonisches gesellschaftliches System beruht darauf, dass alle Menschen ihre Qualitäten und Talente einbringen, und diese mit anderen teilen. Dabei sollte jedes Gruppenmitglied mit

dem Einbringen seiner Talente gleich viel Respekt und Anerkennung für seine Leistungen erhalten, weil es genauso wichtig für das Überleben der Gemeinschaft ist, Menschen in ihrer Mitte zu haben, die sowohl Kraft als auch Ausdauer besitzen, ein Feld zu bestellen, wie jemand dessen Stärke darin besteht, zu jagen und zu töten, wenn es darauf ankommt. In der Realität sah das aber immer anders aus. Auch hier taten sich die Menschen, deren Selbstverständnis ihnen Selbstbilder geschenkt hat, die es ihnen möglich gemacht haben ihre Kreativität und ihre Willenskraft zu nutzen, um auf diese Weise ihre Macht und ihr Ansehen innerhalb der Gemeinschaft auf – und auszubauen. Diejenigen aber, deren Selbstsicherheit und – vertrauen in sich und die eigene Wertigkeit eher begrenzt ist, erfahren sich immer wieder in der erlernten Abhängigkeit und geben ihre Erfahrungswerte, genau wie die Mächtigen in dieser Form auch an die nächste Generation weiter, weil Kinder immer über Vorbilder und Erziehung lernen und auf diese Weise das von ihnen erwartete Verhalten übernehmen.
Das Problem der Menschen besteht also darin, dass sie sesshaft geworden sind, ohne dabei die Erfahrung der Abhängigkeit überwunden zu haben. Sie haben für ihre neue Gesellschaftsform zwar neue Rahmenbedingungen gefunden, gleichzeitig aber das alte Bewertungsschema, das eine hierarchische Gesellschaftsstruktur ermöglicht, beibehalten.
Da das Unterbewusstsein einen wesentlich größeren Anteil des menschlichen Denkens und Fühlens ausmacht als das Bewusstsein, kontrolliert also immer noch der instinktive Teil des menschlichen Lebewesens unser Verhalten. Wir sind uns also nicht darüber bewusst, dass wir uns immer noch wie die Neandertaler verhalten und einerseits versuchen Ansehen und Respekt zu erhalten, indem wir den anderen beweisen, dass wir die zuverlässigen und vertrauenswürdigen Sieger sind und uns anderseits nicht aus der

Abhängigkeit lösen, aus der Angst heraus, nicht überleben zu können. So wird ein Teil der Menschheit in die Aktivität gezwungen, die viel Kraft erfordert, weil überall Partner lauern, die entweder beweisen wollen, dass sie stärker sind oder die von der Stärke des anderen profitieren wollen. Der andere Teil der Menschheit besteht entsprechend aus Menschen, die zur Passivität neigen, weil sie sich als abhängig erleben, ohne dass ihnen diese Tatsache allerdings bewusst sein muss.

Im Laufe der Jahrtausende haben die Menschen viele Versuche gelebt, zu mehr Zufriedenheit und Harmonie zu kommen, das allerdings ohne großen Erfolg. Die Ursache dafür liegt darin, dass die Ungerechtigkeit im Erleben bei der Verteilung von Erfolgen und Misserfolgen und die damit verbundenen, verborgenen Emotionen, es schwer machen, sich Beziehungen auf Augenhöhe vorzustellen. Beziehungen werden noch heute als belastend und anstrengend erlebt, weil man aneinander Vorurteile, Bewertungen, Meinungen und vor allem unausgesprochene Emotionen wahrnimmt, die alle Beteiligten verunsichern.

Die Menschheit hat also viele Versuche und Neuanfänge gewagt, ohne dass sich dabei allerdings zuerst das Individuum verändert hat. Deshalb suchen wir die Schuld für ein Misslingen gerne im Außen und machen andere für jedes Scheitern verantwortlich. Dieses Verhalten ermöglicht es einem, die eigenen Illusionen vom „guten Menschen“ aufrecht zu erhalten und es ist vor allem sehr bequem, nicht sich und die eigenen Gewohnheiten, Vorurteile und Bewertungen zu hinterfragen und machen dabei auf die gleiche Art und Weise weiter, wie wir es gelernt haben und auch niemals freiwillig hinterfragen wollen.

Deshalb sorgt das Leben auf vielerlei Arten für Krisen, Stress und Krankheiten, um in uns bequem gewordenen Menschen Ängste, Sorgen und Verwirrungen auszulösen, die uns einzeln und

gemeinsam daran hindern, so weiterzumachen, wie wir es gerne tun würden.
Aus diesem Grund werden wir momentan von Krisenmeldungen überschwemmt, von denen CORONA allerdings die darstellt, deren Existenz für alle spürbar wird, während die brennenden Wälder oder die Klimaveränderungen noch weit weg zu sein scheinen, genauso weit wie das Gefühl einer Verantwortlichkeit für alles was passiert.
Im Laufe der Menschheitsgeschichte traten immer wieder Seuchen auf, die eine Gefahr für alle Menschen darstellten. Entstehen konnten Epidemien nur dort, wo viele Menschen an einem Ort auf engen Raum zusammenlebten und dabei Müll und Exkrementen erzeugten, die eine Brutstätte für Krankheitserreger darstellten. Die hygienischen Bedingungen wurde durch die Nähe zu den Tieren und deren Gülle weiter belastet, da die heutzutage in den Zivilisationsländern vorhandene Kanalisation und Müllentsorgung in früheren Zeiten noch nicht vorhanden war. Ein weiteres großes Problem, dass für die Entstehung von Krankheitserregern verantwortlich war, ist die der Lagerhaltung, da sowohl Fleisch als auch Gemüse und Obst über längeren Zeitraum aufbewahrt werden mussten, weil man das Leben planen wollte, um so ein Gefühl der Sicherheit zu haben. In einer Umgebung, in der es gärt und fault ist ein optimaler Nährboden für alle Krankheitskeime, die dann von Menschen eingeatmet, gegessen oder über den Kontakt aufgenommen werden und so Krankheiten auslösen.
Die Gesellschaft hat sich gerade auf diese Form der Erscheinungen, die Angst, Sorgen und Verwirrungen auslösen, allerdings gleichbleibend eingestellt. Man versucht den Verursacher zu identifizieren – in diesem Fall Corona – und ihn zu bekämpfen – in diesem Fall mit einem hoffentlich bald hergestellten Impfstoff – um dann in Frieden gewohnt weiterzuleben und sich weiterhin auf die Verantwortlichen wie Politiker und Ärzte zu verlassen. Kein Mensch

fragt sich nach dem Sinn der Corona – Krise, sondern separiert nur die Kranken oder diejenigen, die in dem Verdacht stehen, mit einem Virus in Kontakt gekommen sein zu können. Die Menschheit hat im Laufe ihrer Geschichte es immer wieder probiert, Andersartige zu separieren, weil ihnen alles Neue fremd war und sie dementsprechend verunsichert hat. Diese Strategie wird jetzt ebenfalls angewendet, wobei allerdings jeder betroffen sein kann und keine Kontrolle und kein Plan es möglich macht, diese Gefahr zu beherrschen. Ohne das man es verhindern kann, ist man selber der Andersartige, der eine Gefahr für die Gruppe darstellt.
Deswegen versuche ich jetzt mit diesem Buch einen Appell an das Verantwortungsgefühl zu starten. Corona ist eine Chance für jeden Einzelnen sich des Themas bewusst zu werden, um so zu mehr Eigenverantwortung, Selbstverantwortung, Selbstsicherheit und Kontrolle zu kommen. Nur wer sich nicht mehr rein instinktiv zu schützen versucht und dabei auf Kosten anderer lebt, wird sich selber schätzen und respektieren und so zu einem bewussten, zuverlässigen und vertrauenswürdigen Partner für die Mitmenschen werden. Damit hat man die Chance das Gegenteil dessen zu sein, was man heute überall erleben kann: Menschen, die getrieben von ihrer Angst Hamsterkäufe machen, und dabei nicht nur Nudeln und Toilettenpapier für mehrere Jahre kaufen, sondern auch existentiell wichtige Dinge wie Atemmasken und Desinfektionsmittel, die man zur Vermeidung des Virusinfekts nicht gebrauchen kann, die aber in Krankenhäusern und anderen Einrichtungen dringend gebraucht werden, um Leben zu schützen. Die große Chance hierbei ist das Erleben von Egoismus und den daraus resultierenden Folgen. Wir werden nicht an dem Corona-Virus sterben, aber der Egoismus der Menschen, die weiterhin auf Kosten anderer ihr Überleben absichern wollen, ist eine ernstzunehmende Gefahr für uns alle.

So bekämpfen wir einen unsichtbaren Feind, ohne den wahren Feind überhaupt identifiziert zu haben und erklären einen Schuldigen, dem die alleinige Verantwortung für die Krise zugeschoben wird.

Der Beschuldigte

.....in diesem Fall heißt Corona und ist ein Virus.

Jede gesunde Zelle besteht aus:

- Einem Zellkern, der Träger des genetischen Materials ist und damit als Blaupause bei der Vererbung dient
- Ein Nervensystem, das für die gesamte Reizverarbeitung verantwortlich ist
- Ein Verdauungssystem, das für die Verarbeitung der aufgenommenen Nahrung verantwortlich ist
- Ein Atmungssystem, das für den Austausch von Sauerstoff und Kohlendioxid sorgt
- Ein Drüsensystem, das die für den Stoffwechsel benötigten Hormone produziert
- Ein Muskelsystem, das für die Beweglichkeit verantwortlich ist
- Ein Skelettsystem, das für den Erhalt der Form verantwortlich ist
- Ein Gehirn, in Form der Zellmembran, die intelligent dafür sorgt, das der Austausch der Stoffe optimal abläuft, um die Zelle gesund zu erhalten. Die Zellmembran steuert damit den Prozess, der Umweltsignale in Verhalten umsetzt.

Jeder dieser Organsysteme liegt innerhalb von eigenen Kompartimenten innerhalb einer Zelle und ist dabei von einer Hülle umgeben, die bei Bedarf sehr gezielt durchlässig wird, sodass ein

Austausch mit weiteren Zellteilen zustanden kommen kann. Dasselbe gilt für die Hülle, die die gesamte Zelle umgibt.
Die einzelnen Zellbestandteile liegen in einem flüssigkeitsgefüllten Raum, der den gesamten Zellinnenraum ausfüllt und als Zytoplasma bezeichnet wird. In dieser Flüssigkeit sind tausende unterschiedlichster Moleküle und Ionen gelöst.
Als Zytosol bezeichnet man die reine Flüssigkeit in einer Zelle, die zwar mit gelösten Ionen und Molekülen gefüllt sind, aber ohne Zellstrukturen.
Eine Zelle ist die kleinste Einheit des Lebens und ist umgeben von einer Zellmembran, durch die ein Austausch mit der Umgebung möglich ist, die aber auch die Form erhält und diese vor äußeren Einflüssen schützt, weil sie nicht für alle Stoffe durchlässig ist.
Die ersten Zellen, die in einer noch lebensfeindlichen Umgebung entstanden, hatten einen einfacherer Aufbau als die differenzierteren Zellen, aus denen heute die unterschiedlichen Gewebe bestehen, die sich zu Zellverbänden zusammengeschlossen haben und spezialisierte Gewebe und Organe gebildet haben wie zum Beispiel: Bindegewebe wie Fettgewebe, Knochengewebe und Knorpelgewebe, Organgewebe, Muskulatur und Nervengewebe. So findet man im Blut alleine 25-30 Billionen roter Blutzellen und 2-3 Billionen weißer Blutkörperchen/Leukozyten im Blut und Gewebe.

Wie Bakterien gehören auch Viren zu den ersten Lebensformen, wobei die Zelldifferenzierung wie sie oben beschrieben ist, bei diesen einfachen Lebensformen nicht vorhanden ist. Sie bestehen aus nur einzelnen Bestandteilen und haben keinen eigenen Stoffwechsel. Viren stellen also im eigentlichen Sinne tote Materie dar, die außerhalb von Wirtszellen nicht existieren können.
Jeder Virus wird von einer Eiweißhülle umgeben und manche enthalten eine zusätzliche lipidhaltige Hülle. Die Proteinhülle wird als

Kapsid bezeichnet, wobei es auch identischen Bausteinen besteht, die bei jedem Virus unterschiedlich angeordnet sind. Im Inneren eines Virus findet sich nur ein Faden aus Nukleinsäuren, der die Erbinformationen enthält. Das dem Virus allerdings die Möglichkeiten für einen selbstständigen Stoffwechsel fehlen, kann er sich außerhalb eines Wirtes weder am Leben erhalten noch fortpflanzen. Die Einheit aus innen liegender Nukleinsäure und umhüllender Kapsel bezeichnet man als Nukleokapsid und stellt oftmals bereits das komplette Virus dar.
Viele Viren haben noch eine zusätzliche Schutzhülle entwickelt, die das Nuklekapsid außen umgibt und aus Glykoproteinen und Lipoproteinen besteht, die teilweise Fortsätze haben, die nach außen hervorstehen. Obwohl Viren eigentlich tote Materie darstellen, sind sie doch häufig sehr kunstvoll und kompliziert aufgebaut.
Viele Viren sind so klein, dass sie durch einen Filter hindurchpassen, was eine gute Erklärung für die Unbrauchbarkeit von Atemschutzmasken ist.

Es ist schon erstaunlich, dass so ein kleines Teilchen, dass außerhalb eines Wirtes keine Überlebenschancen hat, so eine Wirkung erzeugen kann, vor allem weil es weder Sinnesorgane besitzt, die ihm bei der Suche nach einem geeigneten Wirt helfen können, noch Fortbewegungsmöglichkeiten, die ihm dabei helfen ein geeignetes Ziel zu erreichen. Corona ist deshalb von vielen Komponenten abhängig, um sich in einem Wirt ansiedeln zu können.
Wenn sie es allerdings den Weg in ein lebendes Wesen gefunden haben, dann können sich die Oberflächenstrukturen des Virus an Rezeptoren der Zellen anheften, die aus der Zellmembran herausragen. Menschen, Tiere und Pflanzen sind nur als Wirte geeignet, wenn ihre Rezeptoren für die Verbindung mit dem Virus bereit sind. Wenn das Kanalsystem in den Zellmembranen sich nicht

öffnen, kann der Virus keinen Zugang in das Zellinnere finden und dementsprechend auch keine krankmachende Wirkung erzielen. Sobald sie allerdings in das Zellinnere eingedrungen sind, wird ihre Hülle von Enzymen, die in der Zelle vorhanden sind, zerstört, indem eine Aminosäure abgespalten wird. Als Folge davon findet man die Nukleinsäure des Virus nun frei im Zytosol. Sie dient dann als Vorlage zur Entstehung von Enzymen und Proteinen, die für die Bildung neuer Viren notwendig sind.
Der Zusammenbau der Viren kann immer nur im Zellkern oder im Zytoplasma erfolgen und die Hülle wird von der Membran des Zellkerns und der Zellmembran zur Verfügung gestellt.
Dafür verändern sie den Zellstoffwechsel der Wirtszelle und führt so zu dessen Sterben, woraufhin das Virus passiv wieder freigesetzt wird.
Wird dagegen ein Virus aktiv freigesetzt, dann lagert sich die Oberfläche des Kapsids an die Zellinnenwand und wird so langsam durch die Wand hindurch nach außen freigesetzt.

Manchmal existiert ein Virus gleichberechtigt mit dem Wirt, aber zahlreiche Viren schädigen den Zellstoffwechsel so massiv, dass diese dann abstirbt.
Eine weitere Möglichkeit die Zelle zu schädigen besteht darin, dass das Immunsystem die körperfremde Substanz erkennt und diese zerstört.

Die Viren der typischen Erkältungskrankheiten bleiben meistens auf die Eintrittspforte beschränkt. Kommt es aber zu einer Verbreitung über Blut und Lymphe, werden neben den Atemwegen noch weitere Organsysteme durch Veränderungen des Zellstoffwechsels angegriffen, sodass deren Funktion ebenfalls gestört wird, was bis zum Organversagen führen kann.

Die Grundvoraussetzung für diesen dramatischen Verlauf besteht darin, dass die Viren den Weg bis in das Zellinnere schaffen. Auf dem Weg dahin aber bestehen reichlich Möglichkeiten des Immunsystems die Eindringlinge zu bekämpfen. Die zweite Möglichkeit des Systems sich vor einer Infiltration zu schützen, besteht darin, dass die Zellrezeptoren nicht auf den Virus reagieren und ihre Kanäle nicht öffnen. Der betroffene Mensch ist dann zwar infiziert, zeigt aber keinerlei Symptome.

Die Übertragung erfolgt bei dem Corona-Virus entweder als Tröpfcheninfektion bei der durch Husten, Niesen oder auch beim Sprechen, in Sputum eingepackte Viren auf der Schleimhaut eines Nichtinfizierten landen oder als Kontaktinfektion durch Berühren der Hände mit anschließendem Handkontakt mit dem Gesicht, sodass die Viren in Kontakt mit den Schleimhäuten kommen. Es bedarf dabei der Übertragung hunderter oder tausender Viren, eine einzelne reicht niemals aus, um eine Infektion auszulösen, weil erst dann das Immunsystem in seiner Abwehrleistung nicht mehr ausreicht.

Ein Virus versucht also nur das eigene Überleben abzusichern, wobei man sich dann die Frage stellen muss, warum manche keine Symptome zeigen, andere einen harmlosen Verlauf haben und zunehmend mehr heftige Reaktionen zeigen?

Das Problem

......besteht darin, dass der Mensch ein offenes System ist und sich dementsprechend nicht vor äußeren Einflüssen schützen kann. Um das Überleben in der gewünschten Qualität abzusichern, ist das

System davon abhängig, dass das Gehirn Eindrücke aus der Umgebung blitzschnell wahrnimmt, verarbeitet und in ein adäquates Verhalten umsetzt, um auf diese Weise allen Anforderungen gewachsen zu sein.
Das Universum besteht aus unendlich vielen Atomen, die keine physische Masse und damit kein Gewicht haben, das man wiegen oder in eine andere Maßeinheit bringen kann. Atome bestehen aus individuellen wirbelnden Energiemustern, die man Quarks oder Photonen nennt. Aus der Entfernung sieht man im Elektronenmikroskop eine verschwommene Kugel, und je näher man kommt, desto mehr verschwindet das Atom. Atome mit gleichen Energiemustern bilden Zellen, die sich wiederum zu spezialisierten Zellverbänden zusammenschließen, die im Organismus ihren spezifischen Aufgaben nachkommen, wie es zum Beispiel beim Magen, Dickdarm oder der Lunge zu erkennen ist. Das Universum besteht nicht aus einzelnen Objekten mit einem leeren Raum dazwischen, sondern ist ein unteilbares dynamisches Ganzes. Das bedeutet für alle Lebewesen, dass sie untrennbar miteinander verbunden sind. So können wir die energetischen Schwingungen der Umgebung über unsere fünf Sinne wahrnehmen, ohne es szu irgendeinem Zeitpunkt verhindern zu können.
Die wahrgenommenen Eindrücke lösen im Gehirn bewusste und unbewusste Reaktionen aus, über die der Körper über elektrische und biochemische Signale informiert wird, damit er das erforderliche Verhalten produzieren kann, das benötigt wird, um sich erfolgreich durchzusetzen.
Da sich Menschen auf diese Weise ein Feld miteinander teilen, nehmen sie die Emotionen und auch die Gedanken anderer wahr, können an Haltung, Verhalten, Gestik und Mimik deren Stimmung erkennen und am Klang der Stimme, dem Tonfall oder der Satzmelodie, das Empfinden des Gesprächspartners heraushören. Die

Summe der wahrgenommenen Eindrücke löst eine entsprechende instinktive Reaktion im eigenen System aus, die sich darin äußert, dass ein Mensch sich auf einen Kampf einstellt, flüchtet oder sich totstellt. Für jede körperliche Reaktion ist der Körper gezwungen aufwendige Auf – und Umbauarbeiten von Substanzen vorzunehmen, um für das notwendige Verhalten genügend Energie, Bau – und Funktionsstoffe zur Verfügung zu haben, ohne die keine Bewegung und damit keine Aktion stattfinden kann.
So nehmen wir aus der materialisierten und nichtmaterialisierten Umgebung viele Eindrücke wahr, die wir rein instinktiv beantworten mit dem Ziel, uns vor möglichen Gefahren zu schützen, wie sie zum Beispiel ein wütender Gesprächspartner darstellen würde oder ein Auto, das mit überhöhter Geschwindigkeit auf einen zufährt. Der Organismus wird in diesen Momenten zu instinktiven und damit unbewussten Handlungen gezwungen, die meist unserem gewohnten Verhalten entsprechen. Die Menschen sind sich deshalb ihrer dabei entstehenden Ängste, Sorgen und Verwirrungen nicht bewusst und deshalb ihren Emotionen wehrlos ausgeliefert und können dem Geschehen keine bewussten Handlungen entgegensetzen.

Die Welt und damit die Eindrücke, die wir 24 Stunden am Tag empfangen und in unsere Systeme integrieren müssen nennt man in der chinesischen Medizin „Qi“. Andere Bezeichnungen dafür sind Lebensenergie, Atem, Dampf, Hauch, Kraft oder auch Atmosphäre.
Zu 1/3 empfangen Menschen ihre Außenreize über die Atmung aus der Luft und werden auf diese Weise über die Situation in der Umgebung informiert. Sie wittern dabei die Gefahr, die ein wütender Mensch ausstrahlt, oder die Angst, die ein kranker Mensch empfindet und reagieren auf deren Ausstrahlung entweder mit dem Wunsch nach Nähe oder Distanz, weil das Wahrgenommene entweder abstoßend oder anziehend wirkt.

Die Atmung eine reflexartig fließende Handlung, bei der ausgelöst durch Druck und Sog ein Unterdruck entsteht, der Energien aus der Umgebung magnetisch anzieht. Mit jedem Atemzug nehmen wir Sauerstoff auf und geben bei jeder Ausatmung Kohlendioxid ab.
Der Körper benötigt Sauerstoff in allen Zellen für Verbrennungsprozesse bei denen in Form von Wärme Energie bereitgestellt wird, die wiederum in Form von Adenosintriphosphat gespeichert wird, damit sie bei Bedarf genutzt werden kann. Der Sauerstoff gelangt aus der Atemluft über die Zellmembranen in die Lungenbläschen und von dort in die Arterien, wo er an Hämoglobin gebunden mit dem Blut durch den Körper transportiert wird und wiederum durch die Zellwände hindurch in die Zellen gelangt. Um in das Zellinnere gelangen zu können, benötigt der Sauerstoff die Rezeptorproteine der Zellen, die die Sinnesorgane der kleinsten Einheit menschlichen Lebens darstellen und durch Besetzen der Andockstelle des Rezeptors das Kanalsystem der Zellmembran öffnet, sodass Sauerstoff ins Zellinnere befördert wird, wo mit dessen Hilfe Energie produziert wird, die für alle Stoffwechselprozesse benötigt wird.
Indem wir bei Angst, plötzlich auftretenden Schrecken und Schmerzen unwillkürlich die Luft anhalten, unternehmen Menschen den Versuch, sich vor einem Überfluss an Informationen zu schützen, indem sie den automatischen Zufluss an Reizen verhindern, die man über die Atmung aufzunehmen gezwungen ist wie zum Beispiel Industrie– und Autoabgase, Ozon, Chemikalien und vieles mehr.
Weitere Informationen werden über die Nahrung aufgenommen. Dabei zählt zur Nahrung alles, was einen Menschen nährt und damit das System darin unterstützt, leben und wachsen zu können.
Dabei ist es nicht immer leicht, sich optimal zu ernähren, weil Lebensmittel heutzutage qualitativ zu wünschen übriglassen, weil sie mit Pestiziden behandelt, denaturiert, haltbar gemacht und viel zu

lange Transportwege bis zu den Endverbrauchern zurücklegen müssen, um noch wertvolle Substanzen zu enthalten. Da die Menschen unter der permanenten Angst leiden, die verschiedenen belastenden Informationen nicht integrieren und damit beantworten zu können, versuchen sie auf die verschiedensten Arten zu kompensieren. Dazu gehören das falsche Essen, Alkohol und Tabletten, die man zu sich nimmt, um mit deren Hilfe die täglichen Belastungen aushalten zu können.
Die Rezeptorproteine der Zellen, die als deren Sinnesorgane tätig sind, empfangen physische Signale wie Östrogene, HIstamine und Schwingungsenergiefelder wie Licht, Klang, Radiowellen, Gedanken und Emotionen und reagieren darauf mit einer veränderten Durchlässigkeit der Membrankanäle, sodass die Auslöser in das Zellinnere gelangen können. Diese Mechanismen erklären auch die Wirkung von Bachblüten, Schüssler-Salzen, Spagyrik und ätherischen Ölen, weil die darin enthaltenden Moleküle und Atome, die Rezeptoren besetzen und sie in den Zellen ihre Wirkung entfalten können. Genauso verhält es sich im umgekehrten Fall aber auch mit Viren, die sobald sie an den Rezeptormolekülen andocken können, auch die schützende Hülle der Zelle durchdringen können, um dann im Zellinneren den Zellstoffwechsel zu zerstören.
Da die Corona-Viren ausschließlich als Tröpfchen – und Kontaktinfektion übertragen wird, ist es nachvollziehbar, dass sie zuerst in Rachen, Hals und Lunge die Zellen infiltrieren und sie damit in ihrer Funktion beeinträchtigen.
Dieser Vorgang führt zu einem schlechten Austausch von Sauerstoff in das Blut und dem Abatmen von Kohlendioxid, wodurch das System nach und nach übersäuert und aufgrund des Sauerstoffdefizits unter einem Energieverlust zu leiden hat, der das ganze System immer mehr erschöpft. Der Energieverlust führt dazu, dass die Nahrung nicht mehr optimal verstoffwechselt werden kann, sodass es zu

einem Mangel an Funktion -und Betriebsstoffen kommt, was in der Folge ebenfalls zu innerem Stress und Mangelzuständen führt. Das innere Milieu gerät aus dem Gleichgewicht, sodass die physiologischen Stoffwechselabläufe nicht mehr die nötigen Bedingungen vorfinden, in denen sie harmonisch ablaufen können. Daraus resultierenden werden Substanzen wie Hormone, Enzyme und Blutbestandteile nicht mehr in ausreichender Menge oder Qualität aufgebaut, dringende Reparaturen werden nicht mehr vorgenommen und Giften und Schlacken nicht mehr aus dem Organismus entfernt. Der Organismus gerät dabei immer mehr aus dem Gleichgewicht und der Mensch wird dabei immer kranker. Durch den Abbau und Umbau unserer Nahrung in Substanzen wie Hormone, Enzyme und Glucose und dem in der Luft enthaltenen Sauerstoff und dessen Transport in alle Zellen, hat der menschliche Organismus die notwendige Lebensenergien, die er für eine aktive und bewusste Lebensführung benötigt. Wird der Kreislauf von Aufnahme – Verdauung – Ausdruck allerdings gestört, weil der Mensch durch Stress, Konflikte, Ängste, Sorgen und Verwirrungen seine innere Mitte verloren hat, dann sind die normalen physiologischen Abläufe gestört und das System erkrankt, weil es entweder nicht mehr genügend Funktion – und Betriebsstoffe produzieren kann, diese nicht mehr zu den Orten befördern kann, an denen sie benötigt werden, die Zellen sie nicht mehr aufnehmen können und deshalb nicht mehr arbeiten können oder die Abfallprodukte nicht mehr aus den Zellen abtransportiert werden können. Die Produkte, die aus den Stoffwechselprozessen entstehen, wie Hormone, Enzyme, Blut und Blutkörperchen, sind der materielle Ausdruck von Qi, weil ohne dessen Lebenskraft keine Stoffwechselarbeit stattfinden könnte.

Damit ein Corona-Virus überhaupt die Chance bekommt, sich eines Wirtes zu bemächtigen, muss dessen System schon aus dem Gleichgewicht geraten sein. Ein gesunder Mensch mit einem ausgereiften Immunsystem wird den Virus erfolgreich bekämpfen, bevor er in den Zellen Schaden angerichtet hat.

Der Angriff

.....auf den Organismus findet nicht erst mit dem Auftreten von Corona-Viren statt, sondern hat meist schon in der ganz frühen Kindheit stattgefunden, in einem Moment, indem der Mensch in seinem Selbstverständnis, Selbstbewusstsein und Selbstwert stark erschüttert wurde und deshalb nie zu seiner Selbstsicherheit und seinem Selbstvertrauen gefunden hat.

Ein heranwachsendes Kind erlebt sich in der Schwangerschaft und den ersten drei Lebensjahren als abhängig von seiner Umgebung. Da es anders als Tiere, die immerhin sehr schnell aufstehen und sich der Herde oder dem Rudel anschließen können, fehlen den Menschen dazu, sowohl die körperlichen als auch die geistigen Voraussetzungen. Deshalb lernt schon ein Baby auf die Reize aus der Umgebung zu achten, um selber die notwendigen Signale auszusenden, die ihm die notwendige Aufmerksamkeit sichern soll. Die Möglichkeit in Beziehung zu gehen, ist die fundamentale Basis für das Überleben, wobei die Umweltbedingungen über die Qualität der Beziehungen bestimmen.
Dabei nimmt das Kind seine Umgebung, einerseits über den Atem und andererseits über die Art der Nahrung wahr, mit der es gefüttert wird.

Mit jedem Atemzug empfängt man Informationen aus der umgebenden Atmosphäre und wird dabei über die Stimmung, Emotionen, Meinungen, aber auch über materielle Belastungen wie Luftverschmutzungen oder Industrieabgase informiert.
Nahrung ist mehr als nur Essen, sondern enthält auch alle Informationen darüber wie sehr man sich geschützt und geborgen fühlen kann. Eine liebevolle Umgebung wird sehr darauf achten, dass Kind am Anfang zu stillen und ihm viele, für die Entwicklung förderliche Reize zu ermöglichen. Das Kind zieht seine Informationen über die Qualität der Beziehung und dem eigenen Stellenwert aus der Zeit und dem Raum, die ihm geschenkt wird. Gleichzeitig aber wird es unter der Erwartung, oder sogar meist unausgesprochenen Forderung leiden, dass es sich erwartungsgemäß verhalten muss, um diese Rahmenbedingungen weiterhin verdient zu haben. Andere Babys und Kleinkinder werden eher mangelversorgt, weil ihre Eltern eher vorrangig mit sich selber und ihren Problemen zu tun haben. Die Kinder müssen sich deswegen anstrengen, Mittel und Wege zu finden, um auf sich aufmerksam zu machen.
Die Qualität der Nahrung vermittelt dem Kind ebenfalls ein Gefühl der Wertigkeit, weil jede Belastung oder Qualitätsminderung der Nahrung direkte Auswirkungen auf den Organismus hat und auf diese Weise entweder schädigt oder ihm bei guter Qualität und Quantität guttut.
Atem und Nahrung vermitteln den Betroffenen ein Bild von sich und seiner Beziehung zu den Gruppenmitgliedern. Jede Form von Mangelversorgung oder Überbehütung wird über die Qualität oder Quantität der Nahrung wahrgenommen und über die Informationen, die man mit der Atemluft aufnimmt und trägt dazu bei, sich selber in Beziehung zu den wahrgenommenen Informationen zu setzen. Die überbehüteten Kinder machen dabei die Erfahrung, dass man ihnen nicht zutraut mit dem Leben und auftretenden Problemen alleine

umgehen zu können, was zu einer Minderung des Selbstwerts führt. Die mangelversorgten Kinder leiden ebenfalls unter einem schlechten Selbstwert, wobei die Ursache hierfür in dem mangelnden Interesse der Eltern liegt, die mit dem eigenen Leben beschäftigt sind und weder Zeit noch Raum für ihre Kinder opfern. Hierbei machen die Betroffenen die Erfahrung, dass sie für die Mitmenschen unwichtig sind, was sie einerseits verärgert, sie aber andererseits immer weiter motiviert sich anzustrengen, um die Aufmerksamkeit der Eltern zu erarbeiten. Dafür gehen sie entweder den Weg der Anpassung oder der Revolte, aber unabhängig von der Wahl der Mittel versteckt sich dahinter immer der Wunsch nach Aufmerksamkeit. Nur wenn man das Interesse anderer geweckt hat, kann ein Kind davon ausgehen, dass sich jemand kümmert. Deshalb ist es manchmal zielführender sich aufrührerisch zu geben als unbemerkt zu bleiben, weil Menschen sich, in ihrer Hilflosigkeit und Ohnmacht, einsam fühlen und sich dabei abhängig von der Hilfe anderer zu fühlen.

Unabhängig von der Art der Erfahrung geraten die Kinder in Stress, weil sie sich als abhängig erleben von den Anforderungen, Forderungen und Erwartungen der Umgebung und sich deren Erfüllung nicht gewachsen fühlen. Der ständig stattfindende Versuch eines Menschen die anderen zufriedenstellen, führt zu dessen Überbeanspruchung, die zu Erschöpfung und Unmut führt.

Bei dem Versuch, sich auf die täglichen Anforderungen einzustellen, verbrauchen sich im Organismus Calcium fluoratum - Ionen (vgl. Schüssler Feichtinger, Mandl, Niedan-Feichtinger,2017, S.201ff) , die der physische Körper benötigt, um schützende und elastische Hüllen zu bilden, die einen Schutz gegen mechanische Verletzungen, Mikroorganismen, Wärmeverlust und Flüssigkeitsverlust bieten. Zu den schützenden Hüllen gehört auch die durchlässige,

doppelschichtige Membran, die Zellen umgibt und deren Elastizität deren Durchlässigkeit ermöglicht und damit für den Stoffwechsel immens wichtig ist.
Calcium fluoratum bindet im Körper Hornstoff/Keratin, dass in Haaren, Nägeln, Oberhaut, Sehnen und Bändern vorkommt, und in der Kombination die Elastizität und Festigkeit aller elastischen Fasern erhält.
Stress zwingt den Organismus, sich zu schützen, indem er sich innerhalb der selbstgesteckten Grenzen, die für sich wichtige Flexibilität zu erhalten. Der Betroffene versucht dabei den eigenen Standpunkt zu verteidigen und reagiert empfindlich auf Zweifel, wobei allerdings nur die eigene Unsicherheit sichtbar wird. Das System versucht sich zu schützen, indem es sich von anderen im Bedarfsfall jederzeit abgrenzen kann, was einem inneren Rückzug gleicht.
Auf diese Weise können Menschen zwar weiterhin miteinander kommunizieren, allerdings ohne sich innerlich beteiligt zu fühlen. Indem man sich innerlich von den Erwartungen anderer oder den eigenen distanziert, gelingt es einem sich auf Situationen emotionslos einzustellen.
Es stärkt das Vertrauen in sich selber, sich vor den Erwartungen anderer schützen zu können
oder sie zu erfüllen, ohne sich dabei verbiegen zu müssen.

Gleichzeitig aber geht das Vertrauen in diese wichtige Schutzfunktion verloren, weil Kinder in einem Moment, in dem sie besonders auffällig sind und dafür als niedlich, tollpatschig oder mutig bewertet werden und dabei lernen, dass sie sich besonders lebendig fühlen, wenn sie beachtet werden. Hat man einmal diese Erfahrung gemacht, dass Beachtung positive Empfindungen verursacht, fällt es danach wesentlich schwerer, sich zurückzuziehen, weil die Betroffenen dann

das Gefühl der Selbstbestrafung empfinden. Sie sind süchtig geworden nach dem Erfolg der Anerkennung, Dafür sind sie bereit das Verhalten, das Resonanz erzeugt hat, zu wiederholen. Das aber kann für das Selbstwert ein Problem darstellen, wenn es zum Beispiel um Tollpatschigkeit, Ungeschicklichkeit oder Faulheit geht. Der Mensch gerät in einen Konflikt zwischen der erzielten Außenwirkung und dem Selbstbild, das er von sich selber hat. So lernen schon Kinder, dass es wichtig ist einen guten Eindruck zu machen, und das es besser ist einen schlechten Eindruck zu hinterlassen, wenn es nicht möglich ist einen guten zu erwecken. Schon Kinder lernen also, dass sie abhängig sind von der Anerkennung, Liebe und Aufmerksamkeit anderer sind, weil sie sich nur lebendig fühlen, wenn andere ihnen das schenken, sie aber selber nie gelernt haben, sich selbst zu lieben und deshalb frei zu sein von der Bewertung anderer.
Solange ein Mensch, sich ausschließlich mit der Frage beschäftigt, wie er sich den Erwartungen anderer anpassen kann, muss er sich seine Schutzmauer erhalten. Dafür braucht er viel Calcium fluoratum, das sich allerdings im Laufe des Lebens verbraucht, bei dem Stress immer zu gefallen. Jedes Mal, wenn man einen anderen Menschen dazu missbraucht hat, Anerkennung zu geben, um sich lebendig zu fühlen, verstärkt sich das Gefühl der Abhängigkeit. Gleichzeitig wird der Stress immer größer, Menschen zu finden, die einem das geben, was man zu brauchen meint und damit die Abhängigkeit.

Wie schon oben erwähnt, bindet Calcium fluoratum Keratin an sich und erhält damit die Festigkeit bei gleichzeitiger Elastizität der Gewebe, um so vor mechanischer Verletzung, Wärmeverlust, Flüssigkeitsverlust und dem Eindringen von Mikroorganismen zu schützen.
Andauernder Stress stört also die natürlichen Abwehrkräfte, die gesunde Zellmembranen darstellen, weil sie im gesunden Zustand

nur Nährstoffe ins Zellinnere schleust und Abfallprodukte aus der Zelle heraus. Fehlt Calcium, weil ein System sich in seinem Überlebenskampf erschöpft hat, wird unter anderem die Zellmembran brüchig, sodass sich Viren an die Rezeptoren anlagern und die Zellschranke durchbrechen können. Sobald ein Virus im Zellinneren angekommen ist, kann er dort anfangen zu wirken und dabei den Zellstoffwechsel zu verändern.

Wenn die äußere Stabilität angegriffen ist, weil man sich zu sehr auf die Erwartungen anderer einlässt, erlebt man sich in der dadurch entstandenen Abhängigkeit als unsicher und ungeborgen. Daraus entsteht ein Gefühl der inneren Leere, die die Betroffenen dadurch zu füllen versuchen, dass sie in ihrem Bindungsverhalten an der Oberfläche bleiben, weil sie Angst vor der Tiefe haben und den Glauben an Liebe und Vertrauen verloren haben. Die Beziehungspartner nehmen das Verhalten als Zeichen fehlender Achtung wahr, dabei geht es dem verletzten Menschen nur darum, den Platz zu behaupten auf dem es ihnen gelungen ist, die notwendige Aufmerksamkeit auf sich zu ziehen und sich auf diese Weise lebendig zu fühlen. Sie leiden unter der ständigen Angst zu kurz zu kommen und tun deswegen alles, auch auf Kosten anderer, um den Fokus auf sich zu ziehen.
Ursächlich für dieses Verhalten sind Erfahrungen, bei denen Menschen das Vertrauen verloren haben, dass sie von ihrer Umgebung wahrgenommen werden. Daraus entsteht das zwanghafte Bemühen, sich in den Vordergrund zu schieben, wobei die Motivation der Handlung darin besteht, die Bestätigung der eigenen Existenz zu erhalten, ohne dass die Qualität des eigenen Seins eine Rolle spielt. Ohne das lebensnotwendige Vertrauen, dass man die Kontrolle über das eigene Leben hat, werden die Menschen angetrieben in

Bewegung zu bleiben, um mit ihr innerer Anspannung, die die innere Leere auslöst, umgehen zu können.
Calcium phosphoricum (vgl.Schüssler Feichtinger, Mandl, Niedan-Feichtinger,2017, S.215ff) sorgt für den inneren Aufbau der stabilen und elastischen Hüllen, die vom Calcium fluratum gebildet werden. Das System versucht damit die körperlichen Voraussetzungen zu erschaffen, um die innere Leere zu füllen.
Dafür bildet Calcium phosporicum Eiweiße, die für den Aufbau von Hormonen, Enzymen, vielen Blutbestandteilen und dem Zellaufbau benötigt werden. Außerdem füllt es die Knochen und die Zähne von innen, wirkt auf die Muskulatur und wirkt stabilisierend bei Hyperaktivität. Calcium phosphoricum ist damit das Mittel, dass einem die körperlichen Voraussetzungen ermöglicht, um den Aktionismus zu unterstützen den die Menschen praktizieren, um ihre innere Leere zu bekämpfen. Dieser andauernde Stress leert die Calcium phosphoricum Depots, sodass der Nachschub fehlt, um die wichtigen Funktionsstoffe und Bausteine des Körpers zu produzieren. Die Lösung des Organismus besteht darin, Eiweiße vermehrt zuzuführen, was aber den Mangel an dem Mineralstoff noch verstärkt, da die Depots leer sind. Die Folge davon ist Übereiweißung, was zu Übergewicht und Allergien führt. Durch Übereiweißung, auch durch eine zu große Aufnahme wird das Bindegewebe belastet und übersäuert, was die Ursache für viele Zivilisationskrankheiten ist. Das Bindegewebe wird hart und kann so seiner Transportfunktion nicht mehr nachkommen.

Viele Menschen in der heutigen Zeit haben das Vertrauen in sich und den eigenen Wert verloren und verbrauchen sich bei dem Versuch, ihre Position innerhalb der Gesellschaft zu behaupten. Dabei führen sie ein Leben, das oberhalb ihres Energieniveaus liegt und erschöpfen dabei ihre Depots für Mineralien, die man für alle

Stoffwechselprozesse benötigt. Um das Energieniveau hochzuhalten, zeigen die Betroffenen bei einem Mangel an Calcium phosphoricum ein starkes Verlangen nach pikanten Speisen, Geräuchertem und eiweißreicher Kost, bei gleichzeitiger Ablehnung von Gemüse. Übereiweißung belastet und übersäuert das Bindegewebe, was die Ursache für viele Zivilisationskrankheiten ist, weil das Binde- und Stützgewebe hart geworden ist und seiner Transportfunktion nicht mehr nachkommen kann. Das hat zur Folge, dass die Zellen nicht mehr ausreichend versorgt und gereinigt werden und Abwehrleistung des Organismus gestört ist, weil sich die abwehrenden Immunzellen nicht mehr frei durch das Bindegewebe bewegen können und deshalb bei Bedarf nicht ausreichend tätig werden können. Dadurch können Viren ungehindert durch das Bindegewebe wandern bis zu den Zellen, wo sie sich an die Rezeptoren andocken und in die Zellen eindringen.
So wird ein Mensch, dem das Vertrauen in die eigenen Stärken fehlt, anfällig für oberflächlichen Aktionismus, der ihn allerdings auf Dauer nachhaltig erschöpft und damit auch das Immunsystem schwächer werden lässt. So haben Viren ein relativ leichtes Spiel und können Bindegewebe oder Blut, indem im gesunden Zustand genügend Abwehrzellen vorhanden sind, die sie bekämpfen würden, ohne Gegenwehr nutzen, um zu den Zellen zu gelangen, in sie einzudringen, um sie als Wirt für die eigene Fortpflanzung zu nutzen.
Der Weg zur Heilung geht weg von der Anspannung hin zur Lockerung, Wenn die Angst nachlässt, kann man die Vielfalt und die Möglichkeiten im Leben wahrnehmen.

Solange die Angst vor zu viel Nähe größer ist als die davor, sich leer und allein zu fühlen, distanziert man sich sowohl von der Außenwelt als auch vor den eigenen Gefühlen, Sehnsüchten und Bedürfnissen. Weil der Druck der Erwartungen, Forderungen und Bewertungen niemals nachlässt, bleibt dem Menschen zu seinem eigenen Schutz nur der Rückzug in das eigene Ich. Die Art der Kontaktaufnahme aber ist eine wichtige Entscheidung im Leben, weil man sich weder gegen die Welt zur Wehr setzen, noch mit ihr verschmelzen sollte. Die Möglichkeit zur Distanzierung ermöglicht es den Menschen, mit der Welt in Kontakt zu treten, ohne sich auszuliefern oder sich selbst aufgebend, anzupassen.

Die richtige Distanz gibt ihnen die Freiheit, sich mit den eigenen Wahlmöglichkeiten auseinanderzusetzen. Solange man sich nicht die Erlaubnis gibt zur Freiheit, ist man den Erwartungen anderer ausgeliefert, wobei man zu jeder Zeit seines Lebens, die Selbstverständlichkeit mit der man das tut, verändern kann. Die Anpassung an die jeweiligen Umgebungsbedingungen beginnt schon vorgeburtlich, sodass ein Baby sich von Geburt an mit den meist unbewussten Erwartungen und Anforderungen seiner Umwelt auseinandersetzen muss, um so sein Überleben möglich zu machen. Daraus entwickelt sich das Selbstverständnis mit dem das Kind sein weiteres Leben führen wird.

Da jeder Mensch ein eigenes Selbstverständnis besitzt, kommt es bei dem ehrlichen Versuch aller, die empfundenen Erwartungen zu erfüllen, zu Reibung, die durch die unterschiedlichen Rhythmen zu erklären sind. Menschen beschäftigen sich im Laufe ihres Lebens mit unterschiedlichen Themen und sind mit unterschiedlicher Geschwindigkeit unterwegs, was sich über die verschiedenen Charaktere und Temperamente zeigt mit denen sie ihr Leben beherrschen wollen. Wenn ein Mensch es für die eigenen Bedürfnisse als unermesslich wichtig empfindet, dass Entscheidungen zügig getroffen und anschließend durchgesetzt werden, dann wird es für ihn sehr schwer, sich dem langsameren Tempo eines anderen anzupassen und er gerät in den Konflikt, einerseits vorwärts gehen zu wollen, aber andererseits von der Umgebung gelernt hat, dass man

von Gruppenmitgliedern Rücksichtnahme, Empathie und Hilfsbereitschaft erwarten kann, damit man es verdient hat ein Teil dieser Gruppe zu sein. So gerät man nicht nur mit der Außenwelt in Konflikt und Reibung, sondern auch mit dem eigenen Selbst, weil ein Teil sich schützen will und dafür den eigenen Weg gehen muss, gleichzeitig aber gelernt hat, dass das der pure (vgl. Schüssler Feichtinger, Mandl, Niedan-Feichtinger,2017,S.237ff)Schüss
(vgl.Schüssler Feichtinger, Mandl, Niedan-Feichtinger,2017,S.254ff)
Corona-Viren sind hierbei nicht das eigentliche Problem, da sie nur tote Materie sind und abhängig davon, ob sie einen Wirt finden, der sie beherbergen möchte, sondern die Angst, die der unsichtbare Feind auslöst. Die Experten sind sich im Prinzip einig darüber, dass sich jedes Jahr um diese Zeit Viren ausbreiten, die Erkältungskrankheiten oder sogar die Grippe auslösen. Wie schon erwähnt, verbreiten sie sich relativ leicht über Tröpfchen und Kontakt. Die eigentliche Ursache aber für die schnelle Verbreitung dieser Atemwegserkrankung liegt darin, dass die Menschen ihren Gewohnheiten und den daraus resultierenden Gewohnheiten müde geworden sind.
s**(Schüssler Feichtinger, Mandl, Niedan-Feichtinger,2017, Handbuch der Biochemie nach Dr.Schüßler)**
Die wahre Ursache liegt nur in der allgemeinen Ermüdung in einer Zeit in der aber unzählige zusätzliche Reize aus der näheren und weiteren Umgebung das System erschüttern. Waldbrände, Klimakatastrophe, Flüchtlingsproblematik, aber auch individuelle Schicksale und Tragödien überlasten den sowieso schon überlasteten Menschen und zwingen ihn, das gesamte System zu hinterfragen. Man wird damit gezwungen, einen Standpunkt einzunehmen, der oft nicht mehr dem der öffentlichen Meinung entspricht. Da wir Menschen aber niemals gelernt haben, eine eigene Meinung zu haben, geschweige denn haben zu dürfen, fällt es uns zunehmend

schwer Ungerechtigkeiten und Fehler stillschweigend zu dulden oder sogar zu unterstützen. Wenn es vielleicht bis in die heutige Zeit hinein leicht war, sich nur um sich selber zu kümmern, wird es in einer Zeit, in der alles medial verbreitet wird, zunehmend schwer, Krisen und Katastrophen zu ignorieren und die daran Beteiligten zu den Schuldigen zu erklären, weil sie uns in unserer Bequemlich stören.

von Erinnerungen, die als Empfindungen gespeichert sind und beim Wahrnehmen von ähnlichen äußeren Reizen jederzeit wieder ausgelöst werden können.
Die Menschen werden dementsprechend nicht nur mit Fakten verunsichert, sondern vielmehr dadurch, dass sie ihren Emotionen ausgeliefert sind, die ohne dass der Verstand es erklären kann, plötzlich das Sein bestimmen. Wie zum Beispiel bei einer Flugangst, bei der oftmals erst die Angst da ist, wird diese dann auf die äußeren Umstände projiziert. Daraus entsteht dann die Meinung, dass das ruckelnde Flugzeug oder die unbekannten Geräusche die Ursachen der Angst sind. Hat ein System einmal diese Schlussfolgerung gezogen, hat sich daraus die Meinung gebildet, unter Flugangst zu leiden und wird in Zukunft versuchen, diese Angst zu bekämpfen, indem man Flüge meidet oder sich mit Mittel volldröhnt, um die Reise zu überstehen. Der Organismus lernt dabei, von äußeren Umständen abhängig zu sein, wodurch sich die schlimmste Angst, nämlich hilflos und machtlos bestimmten Dingen ausgeliefert zu sein, verschlechtern. Genauso verhält es sich mit Krankheiten, da die Menschen niemals gelernt haben, selbstverantwortlich zu überleben. Sie sind schon immer von Institutionen wie Kirche und Staat geführt worden, die dadurch eine Machtposition hatten, von der sie sich auch nur ungern trennen würden. Lange Zeit hat man die Gesundheit und das Überleben in Gottes Hände gelegt. Wenn es „Gottes Wille“

war, dann musste ein Mensch eben sterben, wobei „Gottes Wille" natürlich eher dem „ Menschenwillen" entsprach. Menschen, die sich dem Willen eines Gottes unterwarfen, waren leichter zu führen, weil sie keine eigenen Wünsche und Bedürfnisse anmeldeten, sondern deren Wirken darauf ausgerichtet war, sich so zu verhalten, dass es Gott gefällt. So wurden auch Krankheiten als Geißel empfunden, für die man im Endeffekt selber verantwortlich war, weil man sich offensichtlich nicht erwartungsgemäß verhalten hat und von Gott bestraft wird.
Die ständige Angst vor Strafe, wenn man sich nicht vorschriftsmäßig den Erwartungen und Anforderungen entsprechend verhält, ist uns bis heute geblieben, nur dass die Menschen inzwischen auch den Glauben an Kirche und Staat verloren haben. Geblieben ist ihnen aber immer die tief verwurzelte Angst vor Strafe, wenn sie von der Gesellschaft als schlecht, schuldig, belastend oder überflüssig identifiziert werden. Diese Gefahr betrifft im normalen Leben eigentlich nur Alte, Kranke, Behinderte und in ihrer Leistungsfähigkeit eingeschränkte Menschen, die für die Gesellschaft entweder zur Belastung geworden sind oder es von Anfang an waren. Die Gemeinschaft versucht mit diesen überflüssig gewordenen Gruppenmitgliedern fertig zu werden, indem sie in Heimen oder andere Institutionen gesammelt werden, damit sie die Gemeinschaft möglichst wenig, mit Andersartigkeit und fehlender Produktivität zu belasten. Die Angst davor, als wertlos zu gelten und damit die Zugehörigkeit zur Gruppe zu verlieren, hat die Menschen lange Zeit angetrieben, sich den Bedingungen anzupassen. Die Konsequenz, eine geachtete Position innerhalb der Gruppe zu verlieren und sich dafür selber schuldig zu fühlen, weil man die Erwartungen anderer nicht erfüllen konnte. Als Folge davon werden die Anstrengungen intensiviert, sich noch mehr anzupassen. Die emotionalen Folgen und Begleitzustände sind dabei eher von Traurigkeit, Ärger und vor

allem Wut gekennzeichnet, die man gegen sich selber oder andere richtet, je nachdem wen man als Schuldigen ausfindig gemacht hat. Menschen werden also von ihren Gefühlen beherrscht, die sie der Umwelt gegenüber aber nicht ausdrücken wollen, weil sie Angst vor den Folgen haben. Einerseits weil sie die Reaktionen und Bewertungen anderer Menschen fürchten, und andererseits, weil sie Angst vor sich selber haben, und den Konsequenzen, die Wut und Ärger im Außen anrichten können. In früheren Zeiten haben Menschen in ihrer Emotionalität und Impulsivität, ohne darüber nachzudenken, anderen Menschen Schaden zugefügt und anschließend darunter gelitten. Heutzutage wollen Menschen sich diese Schuld nicht mehr aufladen und versuchen ihre Wut hinter einer Fassade zu verstecken. Da eine Energie, die nicht zum Ausdruck gebracht wird, nicht einfach verschwindet, richtet sie sich selbstzerstörerisch gegen einen selber. Süchte, Extremsport und ein zerstörerisches Bindungsverhalten sind nur drei Möglichkeiten, wie man die eigene Existenz sabotieren kann. Das Verhalten und die dazugehörigen Konsequenzen aber werden von den Mitbürgern wahrgenommen und verursacht bei ihnen ebenfalls emotionale Befindlichkeiten, die das Empfinden ausmachen. Oftmals reagieren sie rein unterbewusst ebenfalls mit Wut, Ärger und Traurigkeit auf die Wahrnehmung, dass andere unzufrieden sind, weil sie sich unbewusst dafür verantwortlich fühlen. So reagieren die Partner automatisch auf das was sie voneinander wahrnehmen und spiegeln sich dabei gegenseitig ihre Unzufriedenheit, inklusive der dazugehörigen Emotionen. Bei dieser Form der Zusammenarbeit zwischen zwei Menschen fällt es den Beteiligten schwer, sich von den Gefühlen der Partner zu distanzieren. Ein Versuch, sich zu schützen, besteht darin, sich zurückzuziehen, um auf diese Weise nicht mehr so angreifbar zu sein. Aber unabhängig von der Art der Reaktion, fühlen sich Menschen immer verantwortlich für die Befindlichkeiten ihrer

Mitmenschen. Sie messen ihren eigenen Erfolg im Leben und damit ihre Zufriedenheit immer darin, wie zufrieden siihre Mitbürger sind. Da diese allerdings nur zufrieden sein können, wenn sie eigenverantwortlich ein Problem gelöst haben, verändert sich ihre Lage nicht, solange andere es zu lösen versuchen. Deshalb sind sie wütend aufeinander, wenn sie sich zu viel oder zu wenig helfen und sich dabei gegenseitig ihre fehlende Zuverlässigkeit beweisen. Finden Ängste einen Nährboden der Unsicherheit, weil sowohl das Vertrauen in die Zuverlässigkeit der Mitmenschen als auch in die eigenen Fähigkeiten und Potentiale verloren gegangen ist, dann gibt es nichts mehr worauf ein Mensch sich verlassen kann, weil das Vertrauen in einen Gott schon lange erschüttert ist. Die völlige Zerstörung von allem, was bisher als sicher galt, ist die beste Voraussetzung für eine neue Form des Miteinanders. Erst wenn man verstanden hat, dass man sich weder auf einen Gott noch auf andere Autoritäten verlassen darf, wird man sich auf die eigenen Werte und Potentiale zu besinnen wagen. Wenn man diese dann auch noch gleichberechtigt mit den Mitmenschen teilt und bereit ist deren Qualitäten, frei von der Angst vor Eifersucht und Konkurrenz, zu nutzen, werden wir aufhören einander zu verletzen. Dabei kann ein Raum freiwerden, in dem sich Emotionen wie Liebe und Freude breitmachen und dabei Empfindungen auslösen wie Zuversicht, Optimismus und Vertrauen, anstelle von Wut, Hass, Ärger und Trauer über die Ungerechtigkeiten, die in der Welt und mit jedem Einzelnen passieren. Gelingt es Menschen, in einen eigenverantwortlichen Zustand zu kommen, entspannt sich auch ihre emotionale Lage, was zu Empfindungen wie Harmonie und Zufriedenheit führt.
Solange aber bis die Menschheit zu den richtigen Einsichten kommt und dann die richtigen Rückschlüsse für Veränderung ziehen kann, leiden wir unter den Folgen dessen, was täglich geschieht und was wir nicht zu kontrollieren können glauben.

Die daraus resultierende Erschöpfung versucht der Organismus dadurch auszugleichen, dass er die Zellmembranen so versorgt, dass sie ihren Aufgaben der Entgiftung und Aufnahme von wichtigen Betriebs – und Funktionsstoffen nachkommen kann. Das Ziel ist dabei, dass der Organismus sich regenerieren kann, damit er den täglichen Überforderungen weiterhin gewachsen ist. Dafür benötigt er Kalium phosphoricum, dass gemeinsam mit Natrium chloratum Gewebe aufbauen kann. Kalium phosophoricum **(vgl.Schüssler Feichtinger, Mandl, Niedan-Feichtinger,2017, S.270ff)** kommt in allen Gehirn- und Nervenzellen, im Blut und in den Muskeln vor. Es kann sich mit gewissen giftigen Stoffen verbinden und sie so aus dem Organismus entfernen, wie sie auch bei hohem Fieber und anderen Eindrücken entstehen, die man wahrgenommen aber niemals verantwortungsbewusst beantwortet hat, sodass die emotionalen und mentalen Folgen im System verbleiben, weil sich das Kalium phosphoricum bei der zu leistenden Schwerstarbeit an Informationsbewältigung verbraucht hat. Die Folge davon ist ein erschöpftes System, dass immer noch offen für viele Eindrücke ist, die aber nicht zufriedenstellend beantworten kann.
Bei diesem Prozess verbraucht sich Kalium phorphoricum immer mehr bis die Depots in den Zellen verbraucht sind. Danach können die Zellmembranen nicht mehr physiologisch arbeiten, was zu schweren Störungen des Stoffwechsels führen wird. Das erschöpfte System wird auf diesen für ihn bedrohlichen Zustand über Haarausfall, Seekrankeit, Lernschwäche, Müdigkeit, Mundgeruch, fehlender Lebensenergie und Gemütsschwankungen aufmerksam machen. Diese Symptome sind damit ein Versuch, sich zu retten, weil die Einnahme von diesem Mineralstoff dem Organismus helfen wird, sich dem Leben gewachsen zu fühlen.
Corona-Viren können deshalb als ein weiterer Eindruck gelte, der emotionale Notlagen auslöst und denen der Mensch sich nicht

gewachsen fühlt. Gäbe es nur Corona würde der Druck wahrscheinlich nicht ausreichen, um in Panik zu verfallen. Da wir allerdings von einer Vielzahl an Krisen und Katastrophen bedroht werden, gleichzeitig aber immer noch abhängig sind von der Führung anderer, lösen die Gefühle von Hilfslosigkeit und Machtlosigkeit allerdings Ängste aus, denen wir uns bedingt durch unsere allgemeine Erschöpfung nicht mehr gewachsen fühlen und es körperlich auch nicht mehr sind. Dadurch erhöht sich sowohl die Anfälligkeit, als auch die Folgen eines Virusinfektes. Das geschwächte System hat weder den Glauben noch die Kraft, sich selber zu helfen, wodurch sich die Abhängigkeit von den Menschen, die uns retten sollen immer weiter verstärkt. Auf diese Weise werden Menschen zu unmündigen Bürgern, deren Hilflosigkeit sich bei jeder Krise verstärkt und damit das Gefühl der Abhängigkeit intensiviert.

Der Ärger darüber, den eigenen Erwartungen nicht zu genügen und keine Kontrolle über das eigene Leben zu haben führt zu Übersäuerung auf mentaler, emotionaler und körperlicher Ebene. Menschen versuchen zu ihrer Zufriedenheit zu finden und nutzen dafür männliche Durchsetzungskraft. Sie versuchen damit eigene Pläne gegen die Pläne anderer Menschen durchzusetzen. Dabei muss man die Erfahrungen machen, dass man an den Erwartungen anderer scheitet, weil man mit den eigenen Wünschen nicht durchsetzen zu können. Gleichzeitig besteht das Problem, dass man nicht mit Überzeugung hinter den eigenen Ideen steht, weil an Angst davor hat, dass diese von den Mitbürgern abgelehnt werden. Obwohl man sich darüber ärgert, dass die eigenen Wünsche und Bedürfnisse nicht unterstützt werden, versucht man sich trotzdem den Erwartungen der Gesellschaft anzupassen. Der Ärger darüber aber vergiftet das Leben und erzeugt einen Stress, dem man 24 Stunden am Tag ausgeliefert ist, weil man weder aus der Umwelt noch aus sich selbst

heraus die Erlaubnis bekommt, die eigenen Interessen durchzusetzen.
Der Organismus reagiert auf Stress mit Anspannung, was sich einerseits über einen erhöhten Muskeltonus bemerkbar macht (hochgezogene Schultern) und anderseits darüber, dass der Atem angehalten wird. Das kann man als Versuch des Körpers ansehen, aus der Bewegung der Anpassung herauszugehen. Der Organismus erstarrt buchstäblich, sodass er weniger Sauerstoff-Verbrauch hat und deswegen auch weniger Sauerstoff aufnehmen muss. Das erstarrte System leidet unter Lufthunger, was symptomatisch für das Gefühl steht, von den Erwartungen anderer Menschen umklammert zu werden, sodass einem die Luft zum Atmen fehlt. Mit Erstarrung der möglichen Bewegung und von physiologischen Rhythmen wie zum Beispiel bei der Atmung, hindert man sich an der Erfüllung von Erwartungen, indem man sich die körperlichen Voraussetzungen zerstört. Dieser Vorgang ist eine Form der Selbstzerstörung, die von einer versteckten Wut gelenkt wird. Der Betroffene traut sich nicht, seine Wut zu zeigen, und richtet sie stattdessen gegen sich selber. Man hält die Luft an, isst und trinkt die falschen Dinge, gönnt sich keine Entspannungsphasen und vergisst die eigenen Interessen, was in der Summe zu Überlastung der Gewebe führt, weil die Phasen zwischen Anspannung und Entspannung nicht im Gleichgewicht sind. Ein Zuviel an Zucker, Weizen, Alkohol, Milchprodukten und Fleisch belastet das System genauso wie der Stress, sich anpassen zu müssen. De Auslöser für jede Form von Verhalten ist immer Angst. Die erste Begegnung mit der Angst macht man schon in der frühen Kindheit und zwar in dem Moment, indem man feststellt, dass man nicht in der Lage ist, die Erwartungen erfüllen zu können oder zu wollen. Dabei versteht man nicht, warum man trotz bester Motivation und ehrlicher Absicht, nicht den erhofften Erfolg von Anerkennung, Respekt und Liebe erzielt, den man sich so dringend

wünscht. Man versucht die Angst vor Ablehnung durch Unmut, Aggression, Rückzug oder Kompensation durch Süchte zu verstecken und so der Umwelt eine Illusion von Stärke zu vermitteln. Dahinter versteckt sich allerdings nur ein kleines verletztes Kind, dass sich nicht so geliebt fühlt, wie es sich wünschen würde und wie es sein Selbstwert brauchen würde. Stattdessen macht es immer wieder Erfahrungen mit Ablehnung, wenn man die Erwartungen anderer nicht erfüllt und lernt dabei immer mehr, wie man den Mitmenschen gefallen kann. Die dazugehörigen Strategien werden perfektioniert, das eigene Selbst aber wird dabei immer weiter in den Hintergrund gedrängt und damit Interessen, Wünsche und Bedürfnisse. Nach außen zeigt sich der Betroffene zwar strukturiert und ist dabei auch erfolgreich, allerdings ohne das wahre Selbst jemals zu zeigen. Deshalb bestimmt Ärger das gesamte Leben und beeinflusst die physische und psychische Gesundheit

Menschen lernen dabei Verhaltensstrategien, die zu Gewohnheiten werden, wenn sie erfolgreich waren. Bei Misserfolgen erklären sie andere zu den Schuldigen oder halten sich in ihren Möglichkeiten zurück, um für ihre Partner nicht zu Konkurrenten zu werden oder deren Eifersucht auszulösen. In allen Fällen übernimmt ein Mensch nicht die volle Verantwortung für den Prozess, sondern macht das Gelingen von Bedingungen abhängig, die andere möglich machen sollen. Ein geeignetes Mittel, sich selber aus der Kraft zu nehmen, besteht darin, ein Sauerstoff-Defizit aufzubauen. Der Organismus versucht das Defizit und damit den Lufthunger auszugleichen, durch lange Spaziergänge an der frischen Luft, Fenster aufreißen und einem ausgeprägten Bedürfnis nach frischer Luft.

Eine weitere Möglichkeit ein Sauerstoff-Defizit herzustellen, besteht in der Aufnahme der falschen Nahrung wie Weizen, Zucker, Alkohol und Milchprodukten, die von einem geschwächten Körper nicht ausreichend verarbeitet werden können, weil die Energie dazu fehlt.

Daraus entsteht das Problem, dass die nicht fertig verdauten Stoffwechsprodukte das Gewebe belasten und es damit übersäuern. Sowohl die Methode des Luftanhaltens als auch die der falschen Ernährung hilft dabei, sich aus der Kraft zu nehmen, weil alle Organe und Gewebe unter einem Sauerstoff-Defizit leiden und dadurch die Leistungsfähigkeit des Menschen eingeschränkt wird. Bei schweren Verlaufsformen können Corona-Patienten durch Entzündungen und Verklebungen ihres Lungengewebes unter erheblichen Schwierigkeiten des Sauerstoffaustausch leiden. Sie sterben aber nicht nur an Atemnot, sondern häufig auch an Leberversagen. Die Leber ist die Chemiefabrik des Körpers und damit für Reinigung, Entgiftung und Speicherung des Organismus verantwortlich. Um dieser umfangreichen Arbeit nachkommen zu können, gehen 80% des Minuten/Blut-Volumens durch die Leber, wodurch sie im Normalfall optimal versorgt ist. Bekommt sie allerdings zu wenig Sauerstoff über das Blut geliefert, fehlt ihr die Möglichkeit zur Energiegewinnung und sie beginnt nach und nach ihre Arbeit einzustellen. Dadurch fehlen dem Menschen die Möglichkeit zur Zuckerspeicherung und der notwendigen Reinigung des Systems, sodass er im Ganzen immer mehr verschlackt und vergiftet. Die daraus resultierende Übersäuerung stört wiederum die Energiegewinnung in den Zellen, was die wiederum ebenfalls behindert, in ihren Zelllungen Energie gewinnen zu können.
Die Bauchspeicheldrüse und die Milz sind unter anderem wichtige Organe, die unter einem Sauerstoff-Defizit erheblich zu leiden haben. Die Aufgabe der Milz besteht darin, die Gesundheit des Menschen zu schützen, indem sie körperfremde Stoffe und Krankheitserreger beseitigt. Fehlt ihr aber die nötige Energie, kann sie dieser Aufgabe nicht mehr nachkommen und zum Beispiel Viren können ungehindert in das System eindringen und damit die spiralförmig nach unten verlaufende Entwicklung unterstützen, weil der Organismus immer

mehr übersäuert. Genauso verhält es sich mir der Bauchspeicheldrüse, die Insulin produziert, was vom Körper benötigt wird, um Kohlenhydrate in kleinste Moleküle zu spalten, die wiederum als Bau – und Betriebsstoffe benötigt werden für lebenswichtiges Auf -und Umbauarbeiten **(vgl.Schüssler Feichtinger, Mandl, Niedan-Feichtinger,2017, S.285ff))**.
Bevor ein Virus einen Menschen krank machen kann, muss er die richtigen Bedingungen vorfinden. Das gelingt ihm offensichtlich in der heutigen Zeit sehr leicht, weswegen man Rückschlüsse ziehen kann, auf den emotionalen und mentalen Zustand der Bürger.
Offensichtlich leben heute nur noch unmündige Menschen, die sich den Erwartungen anderer anpassen und dabei an ihrer unterdrückten Wut buchstäblich zu ersticken drohen. Sie hören auf sich mental, emotional oder körperlich zu bewegen, halten bei Stress die Luft an und stopfen Zucker, Weizen, Alkohol und Milchprodukte in sich hinein, sodass ihre Körper immer mehr verschlacken und vergiften. Die Organe und Gewebe werden dadurch immer mehr belastet, was zum Empfinden von Ärger auch noch zu einer Übersäuerung auf körperlicher Ebene führt, wodurch die lebensnotwendigen Stoffwechselprozesse nicht mehr ausreichend stattfinden können und die Menschen zu hilflosen Opfern für Corona-Viren werden.
Ein wirkungsvoller Schutz vor Krankheit und Tod kann und wird niemals Isolation, Einschränkung und Trennung sein, weil das nur den Ärger und vor allem die Angst der Menschen wachruft, weil sie an ihre schlimmsten Erfahrungen erinnert werden, die alle mit Hilflosigkeit und Einsamkeit zu tun hatten. Anstatt sie also über Wochen in die Isolation zu zwingen, sollte man ein Bewusstsein für Selbstkontrolle und Eigenverantwortung erschaffen. Ein Mensch, der sich in seiner Haut wohlfühlt und zufrieden ist mit der selbstgewählten Art der Lebensführung, wird nicht mehr sauer sein und sich dementsprechend richtig ernähren und verhalten. Er wird

seinem natürlichen Rhythmus folgen und damit seinem Bewegungsdrang folgen und vor allem qualitativ und quantitativ zu den richtigen Zeiten essen. Sobald ein Mensch im Fluss ist, kann er den Erhalt seiner Gesundheit und Vitalität selber steuern, weil seine Organe perfekt zusammenarbeiten. Die Grundlage dafür liegt in der Gesundheit der Zellen, die jede für sich ein eigenes perfektes System sind und damit die besten Voraussetzungen für einen gesunden Stoffwechsel darstellen. Solange die kleinste Einheit eines Lebewesens funktionsfähig ist, ist die Gesundheit des Organismus nicht gefährdet. Dafür aber sind wir bisher davon abhängig, dass die Umgebungsbedingungen so geartet sind, dass wir uns anpassen können. Sobald es ein Ungleichgewicht zwischen Eigen – und Fremderwartungen gibt, gerät das System aus der Balance. Darauf reagieren die Beteiligten mit Verärgerung und Wut und erschaffen sich damit den besten Nährboden für Krankheit.

Bei dieser Form der Lebensführung steht das System unter starker Spannung. Der Mensch muss seine Aufmerksamkeit ständig auf die Außenbedingungen gerichtet haben, um die jeweiligen Erwartungen, Anforderungen und Regeln zu erfassen, von deren Einhaltung er sich abhängig gemacht hat, damit er sich lebendig fühlen kann. Der Wunsch gesehen zu werden, um fühlen zu können, dass man lebt, treibt die Menschen also an in Rollen zu schlüpfen, die ein Außenbild aufrechterhalten sollen. In diesen Rollen wird man von anderen wahrgenommen und beachtet, wobei diese niemals den eigenen inneren Bildern entsprechen.
Obwohl sich die Lebensbedingungen natürlich stark unterscheiden, kann man nur drei verschiedene Rollen unterscheiden. Menschen, die sich den vorgegebenen Lebensbedingungen gegenüber hilflos und machtlos empfinden, nehmen die Position der Opfer ein. Sie nutzen ihre Durchsetzungskraft nicht aktiv, sondern neigen dazu, andere zu

manipulieren ihnen bei der Umsetzung ihrer Wünsche und Bedürfnisse zu helfen. Nach außen hin übernehmen sie für nichts Verantwortung und selber deshalb auch niemals schuldig. Dieser Menschentyp hat allerdings den Nachteil, sich der eigenen Stärken nicht bewusst zu sein und deshalb auch nie die Zufriedenheit des Erfolgs etwas aus eigener Kraft geschafft zu haben, erfahren können. Täter dagegen sind die Menschen, die am Anfang ihres Lebens die Erfahrung gemacht haben, dass sie Erwartungen anderer erfüllen können, was ihnen die Sicherheit gibt, Kompetenzen zu haben und diese auch nutzen zu können. Sie müssen allerdings die erlernten Qualifikationen immer weiter anwenden, wenn sie weiterhin von der Aufmerksamkeit und dem Respekt der anderen Menschen profitieren wollen und bleiben so in den engen Mauern der eigenen Erwartungen hängen. Täter leiden unter der Angst vor Veränderung, weil sie niemals die Reaktionen anderer auf einen eigenen Ausdruck kennengelernt haben und sich nur lebendig fühlen, wenn sie beachtet werden. Alle Menschen, die mit ihrem Muster erfolgreich waren, trennen sich nur schwer davon und versuchen das dazugehörige Verhalten immer weiter aufrechtzuerhalten.
Retter dagegen haben Ideale in Form von Menschen, Ideen, Therapien und Spiritualität gefunden, und leben mit Hingabe die vermittelten Inhalte. Da sie allerdings, tief in ihrem Inneren, noch genauso hilflos und machtlos sind wie alle anderen auch, sind sie darauf angewiesen, ihre Umgebung von ihren Idealen zu informieren und diese für die gleichen Ideen zu begeistern. Vor allem Therapeuten, Ärzte und andere Mitglieder des Gesundheitssystems fallen in diese Kategorie. Sie sind der festen Überzeugung, zu wissen wie es richtig wäre und kritisieren diejenigen, die sich anders verhalten oder andere Überzeugungen haben. Gerade dieser Punkt ist in Zeiten von Corona überall zu beobachten. Die zaghaften Versuche von Menschen, die ebenfalls aus dem medizinischen

Bereich kommen, Optimismus und Zuversicht zu verbreiten, werden massiv heruntergemacht.
Ein Beispiel dafür ist ein Artikel aus dem Weserkurier vom 20.3.2020 von Andrea Köster aus Worpswede, Praktische Ärztin und Fachärztin für Psychotherapeutische Medizin:

„Täglich lese ich die Zeitung und beobachte Internet-Medien, dabei fällt mir hinsichtlich des Themas Corona auf, das sich die Reaktionen viel schneller, ausufernder und zerstörerischer als die Krankheit selbst ausbreiten. Ein passendes Sprichwort dazu: „Mit Kanonen auf Spatzen schießen." Ich möchte auf einen medizinisch fundierten Text hinweisen, der uns die Augen öffnen könnt, sodass die irrationalen Folgemaßnahmen auf eine schwere Grippe, die unsere Bevölkerung schon mehrmals, auch mit Todesopfern, überstanden hat, gestoppt und zurückgenommen werden: Wolfgang Wodarg, „Lösung des Corona-Problems unter www. wodarg.com. Wer das vollständig gelesen hat, der stellt sich seiner Angst vor schweren Grippe-Bedrohungen in einem angemessenen Maß und kann wieder einen normalen Alltag mit auch vielen anderen Bedrohungen hoffentlich bewältigen."

Dagegen steht die Fraktion der Panikmacher, angeführt von dem Virologen Drosten, der jetzt offen über eine Lockerung der Zulassungen für Impfstoffe nachdenkt, um mit Epidemien und Pandemien in Zukunft besser umgehen zu können. Dafür wird ein Szenario besprochen und vor allem ausgemalt, dass noch nicht eingetreten ist. Die Menschheit versucht jetzt die unsichtbaren Gegner zu eliminieren, um vor dieser Gefahr geschützt zu sein. Dafür spricht der französischer Präsident Macron von einem Krieg, den man gewinnen müssen. Wir dürfen, wenn wir so etwas hören, niemals vergessen, dass Viren tote Materie sind, die einen Wirt brauchen.

Sobald wir Menschen uns und unser Leben selber führen, ausgerüstet mit einem starken Selbstbewusstsein, selbstsicher und voll Vertrauen, können wir sehr optimistisch sein, dass ein Virus uns nicht besetzen kann, genauso wenig wie Angst, Pessimismus und Negativität.

Virologen, Ärzte und Politiker wollen sicherlich die Gesundheit der Weltbevölkerung beschützen, ob es dafür allerdings die beste Idee ist, die Menschen in Angst und Schrecken zu versetzen und sie in die Isolation zu zwingen, bleibt sicherlich fragwürdig. Fakt ist, dass wir aufeinander aufpassen und Rücksicht nehmen müssen, was bedeutet, dass wir die nötige Hygieneregeln einhalten, Abstand halten, in die Armbeuge niesen und uns beim Auftreten von Symptomen sofort in Quarantäne begeben und zusätzlich die Kontaktpersonen benachrichtigen.
Als in Deutschland ausgelassen Karneval gefeiert wurde, gab es Corona schon lange in China. Warum wurde nicht schon zu dem Zeitpunkt vor großen Zusammenkünften gewarnt? Bis zu dem Zeitpunkt hatten unsere Politiker die Situation gut im Griff, danach fand man den Corona plötzlich überall. In meiner Heimatstadt war der erste Corona-Fall ein junger Mann, der in Köln Karneval gefeiert hat. Wenn Politiker jetzt von einer existentiellen Krise, dem schlimmsten Notfall seit dem 2. Weltkrieg, einer Katastrophe sprechen, dann kann man sich als kritischer Bürger doch auch einmal fragen, warum diese Massenzusammenkunft erlaubt wurde. Die Fakten und die Gefahren der Übertragung waren da schon allen Experten bekannt. Und dabei meine ich tatsächlich genau diese Menschen, die jetzt Panik verursachen und an die Verantwortung der Bürger appellieren. Der Karneval in Venedig ist abgesagt worden, der in Deutschland aber hat stattgefunden. Die Zustände in Italien

werden uns jetzt immer als warnendes Beispiel genannt, hätte man dann nicht auch deren Maßnahmen beachten müssen?
Alle Menschen, die heute in verantwortlicher Position daran beteiligt sind, Maßnahmen – und Notfallpläne zu machen, sind sicherlich in dem ehrlich gemeinten Versuch unterwegs zu retten. Sie verursachen aber dabei eine derartige Panik, dass Menschen beim ersten Anzeichen einer Erkrankung buchstäblich vor Angst sterben, weil ihr Nervensystem mit einer Erwartung konfrontiert wird, die aussagt, dass sie bei Vorbelastungen, Schwäche oder im höheren Alter zur Risikogruppe gehören und in Gefahr laufen zu sterben. Bei jeder Grippewelle sterben zig-tausende Menschen auf der ganzen Welt, und es sind immer die Alten, Kranken und Schwachen. Das ist sicherlich sehr bedauerlich, aber an irgendetwas müssen wir irgendwann sterben. Wir dürfen doch nie vergessen wie viele Menschen jeden Tag an Krebs, Herz-Kreislauferkrankungen oder Unfällen sterben. Das erscheint uns vielleicht grausam, aber Fakt ist, dass wir nun mal sterblich sind. Viel interessanter als das wie kann man es verhindern krank zu werden, ist aber doch eigentlich die Frage, warum werden manche krank und andere nicht.
Retter sind mit einer Idee unterwegs, die sich mit anderen teilen möchten. Dabei sind sie bereit, ihre Überzeugungen fanatisch zu verteidigen, ohne andere Meinungen gelten zu lassen. Sie meinen es nie böse, sondern sind sich sicher, dass sie richtig denken und handeln. Deshalb versuchen sie diejenigen die anders denken zu bekehren und notfalls sogar zu ihrem Glück zu zwingen. Menschen, die gerettet werden, fühlen sich immer dumm und inkompetent, gegenüber den Sicherheit ausstrahlenden Rettern. Auch ohne eine Position erreicht zu haben, in der sie Entscheidungen treffen dürfen, die für viele andere richtungsweisend und vor allem verpflichtend sind, vertreten sie ihre Meinungen, ohne Raum für andere Überzeugungen zu lassen.

So werden alle Menschen, die die Gefahren von Covid-19 anders bewerten, öffentlich in ihrer Autorität und Kompetenz diffamiert. Obwohl alle verantwortlichen Retter vollkommen überfordert sind, bleiben sie stur in ihren Meinungen und Vorerfahrungen stecken. Gerade Virologen, die sich jeden Tag mit Viren auseinandersetzen, kennen deren Wirkweise und die Gefahren, die sie für Lebewesen bedeuten. Bisher hat noch niemand ein wirkungsvolles Gegenmittel gegen Viren gefunden, bei dem das körpereigene Immunsystem gestärkt wird, um so mit den Eindringlingen fertig zu werden. Deshalb bricht bei Medizinern und Virologen Panik aus, wenn neue Formen von Viren auftreten, gegen die es noch keine Schutzimpfung gibt. Die Menschen können sich also von der Medizin nicht retten lassen, sondern müssen selber etwas tun. An diesem Punkt befinden wir uns im Moment. Die Bürger müssen erleben, dass die Verantwortlichen keine Mittel kennen, um die Gefahren auszuräumen. Es werden nur Maßnahmen ergriffen und durchgesetzt, mit denen ganze Bevölkerungsschichten materiell, psychologisch und emotional verunsichert werden. Wir machen gerade die schmerzhafte Erfahrung, Angst zu haben vor etwas was wir weder sehen noch verstehen können, und müssen dabei die Hilflosigkeit der Verantwortlichen ertragen.
Diejenigen, die uns in dieser Situation ein wenig Hoffnung und Zuversicht schenken wollen, werden als verantwortungslos, dumm, naiv, egoistisch und vieles mehr bezeichnet. Sie werden als Lügner bezeichnet, die alles verharmlosen und den dummen, unmündigen Bürger damit in Gefahr bringt. Dabei wird den Menschen wieder einmal die Erfahrung geschenkt, dass man Gedanken nicht frei äußern darf, weil man sonst vom Establishment angegriffen wird.
Die Aufgabe der Gesellschaft besteht also darin, sich den Erwartungen der verantwortlichen Retter zu fügen. Halten die einen

Notfallplan für gerechtfertigt, weil sie Viren den Kampf ansagen, dann sind die Bürger eben die Soldaten, die ohne Mitspracherecht oder Interventionsmöglichkeiten, in den Krieg ziehen und die Konsequenzen aushalten müssen, unabhängig davon ob sie die Gedanken, Entscheidungen und Überzeugungen mittragen.

So erlebt sich ein Teil der Menschheit in dieser Zeit als Opfer und damit als hilflos und machtlos. Es ist leicht nachzuvollziehen, dass diese Menschen in dieser Zeit panisch werden und Vorkehrungen treffen, um die Krise irgendwie zu überleben. Dafür hamstern sie Lebensmittel, Medikamente, Atemmasken und Desinfektionsmittel. Da die meisten heute lebenden Menschen in den Industrienationen noch nie unter Hunger gelitten haben, vielleicht aber schon mal auf der Toilette sitzend feststellen mussten, dass dort kein Papier zu finden ist, kommen sie vielleicht in einer ,,Krisensituation" auf die Idee, dass sie Toilettenpapier bunkern müssen, um gut gerüstet zu sein. Wie schon erwähnt, neigen Menschen, die aus dem Gleichgewicht geraten sind, dazu über Weizen, Alkohol, Zucker und Milchprodukte zu kompensieren. Die bevorzugten gehorteten Nahrungsmittel sind besonders Nudeln, die aus Hartweizengrieß bestehen und Weizenmehl.
Die Weizenjunkies ziehen sich dann mit ihren Suchtstoffen in die Isolation zurück und warten passiv darauf, dass irgendjemand im Außen die Rettung bringt, vielleicht indem ein wirksames Medikament entwickelt wird.
Täter ergeben sich nicht einfach in eine Situation, sondern wollen sie gestalten. Da nicht alle Menschen gleich sind, wird ein Teil von ihnen aktiv Maßnahmen ergreifen, die sie retten sollen. Dafür gehen sie ebenfalls hamstern, und kaufen dabei alle Vorräte auf, nicht weil sie es brauchen, sondern weil sie es können. Sie fragen sich dabei nicht eine Sekunde, ob andere Menschen die Atemmasken oder das

Desinfektionsmittel besser gebrauchen könnten. Ein Täter scheut auch nicht davor zurück, sich das Gewünschte mit Gewalt zu nehmen. Dabei werden Desinfektionsmittel mit der gesamten Halterung von den Wänden in Krankenhäusern gerissen oder Menschen schlagen Verkäufer, weil sie 12 Pakete Mehl haben wollen.
Die Retter, die in dieser Zeit hauptsächlich in verantwortlicher Position zu finden sind, vertreten ihre Überzeugungen und üben dabei erheblichen Druck aus, ohne zu wissen, ob ihnen der Erfolg irgendwann Recht geben wird.
Unabhängig von der angenommenen Rolle, versteckt sich jeweils hinter der Fassade ein schlechtes Selbstwert, dass man vor anderen zu verstecken versucht. Deshalb steht ein Mensch andauernd unter Spannung und damit unter Stress, anderen zu gefallen. Um die Gefahr zu umgehen, Anforderungen und Erwartungen zu übersehen, macht man sie zu den eigenen. Man versucht dann, unter Hochspannung stehend, das erlernte Verhalten und damit den Schein aufrechtzuerhalten. Die erlernten und vor allem erfolgreichen Muster zu Leben gewährleistet das Optimum an Sicherheit und Geborgenheit, wobei die Zufriedenheit mit sich selber bei dieser Art der Lebensgestaltung auf der Strecke bleibt.
Wenn die Corona-Krise irgendwann vorbei ist, werden sich alle Menschen dafür schämen, wie egoistisch sie gewesen sind und ohne Rücksicht auf Kosten anderer versucht haben ihr eigene Leben zu retten und welche Mittel sie zum Erreichen ihrer Ziele angewendet haben.
Solange aber die Angst vor Bloßstellung und Hohn größer ist als die Angst vor Schuld und Scham, werden die Menschen versuchen, ein Bild der eigenen Überlegenheit mit einer damit verbundenen Eigenschaften von Stärke, Mut, Durchsetzungskraft und vor allem Cleverness zu zeigen. Sie liefern damit die Vision dessen ab, von dem sie meinen, dass andere Menschen es so von ihnen erwartet, ohne zu

erkennen, dass sie damit nur eine Illusion bieten. Eine Illusion ist wie ein Nebel, der sich um das eigene kleine verunsicherte Selbst wie eine Schutzschicht legt. Anstatt aber zur Beruhigung beizutragen, schämt sich das kleine verunsicherte Selbst für das was es tut und leidet noch mehr unter der schlechten Außenwirkung, die es erzeugt. Der Mensch befindet sich damit in einem permanenten Konflikt zwischen dem Zwang, sich egoistisch verhalten zu müssen und der Unzufriedenheit darüber, die über die schlechten Ergebnisse im zwischenmenschlichen Bereich gespiegelt werden, sodass man sich immer hinterfragen muss und sich das Gefühl der Sicherheit nicht einstellen kann. Dadurch entsteht Stress im System, der den Organismus in einer permanenten unterschwelligen Spannung hält. Das Gehirn arbeitet als übergeordneter Koordinator für das gesamte System. Dort werden alle ankommenden Reize verarbeitet und eine Reizantwort kreiert, die in ein Verhalten umgesetzt wird. Dafür müssen die Organe zur Tätigkeit animiert werden, die man für Aktivität braucht:

- Das Herz muss schneller schlagen
- Die Gefäße müssen enger gestellt werden, damit das Blut mit vermehrtem Druck durch die Bahnen gedrückt werden kann, um den Organismus bestmöglich mit Sauerstoff und Nährstoffen zu versorgen
- Die Atmung vertieft sich und die Frequenz erhöht sich

In Aktivitätszeiten können Regeneration und Entspannung nicht gleichzeitig stattfinden. Da das Nervensystem wie eine Einbahnstraße arbeitet, kann das Gehirn den Organismus entweder kämpfen oder flüchten lassen oder regenerieren und reparieren. Da der Mensch 24 Stunden am Tag um sein Überleben kämpft, fehlt ihm die Zeit der Entspannung, denn wer würde schon genussvoll essen, verdauen oder Spaß haben, wenn man sich gerade von einem oftmals unsichtbaren Feind bedroht fühlt.

Magnesium phosphoricum **(vgl.Schüssler Feichtinger, Mandl, Niedan-Feichtinger,2017,S.298ff)** ist der Mineralstoff, der die unwillkürlichen Tätigkeiten des Körpers beeinflusst, Damit ist sowohl für die willkürliche Skelettmuskulatur als auch für die unwillkürliche Muskelaktivität verantwortlich, die nicht dem eigenen Willen zugänglich ist, wie zum Beispiel bei Herz, Lunge, Gefäßsystem, Drüsen und Verdauung.
Alkohol, Schwangerschaft, Stillen, Leistungssport und vor allem Stress führen zu einem erhöhten Magnesiumbedarf , weil die willkürlichen und unwillkürlichen Muskeln, die im gesamten System die Organ-. Zell – und Gefäßwände unter Spannung halten. Wenn das System unter Dauerspannung steht, verbrauchen sich die Depots an Magnesium und dem Organismus fehlt dann die Kraft, die nötige Spannung weiter aufrechtzuerhalten. Das Problem macht sich dann auch psychisch bemerkbar, weil das Gehirn die fehlende Spannung registriert, die die Organe allerdings benötigen, um physiologisch leistungsgerecht arbeiten zu können. Ein erschöpftes Organsystem führt automatisch zu einem Vertrauensverlust in die eigene Leistungsfähigkeit. Das Empfinden, nicht mehr auf den eigenen Körper vertrauen zu können, wirkt sich natürlich auf das Verhalten aus, weil man nicht mehr mit Scheinselbstsicherheit die Fassade aufrechterhalten kann. Das führt dazu, dass der Stresspegel sich noch weiter erhöht, was das System immer mehr erschöpft. Da Psyche und Körper nicht im Gleichgewicht sind, wird der Körper überfordert und erschöpft sich, sodass sich das Ungleichgewicht auch emotional und mental zeigen wird. Davon betroffene Menschen glauben nicht mehr an sich selber und ihre Möglichkeiten und zeigen der Umgebung dann ein Bild der eigenen Schwäche und sind damit ihren schlimmsten Ängsten ausgesetzt: Sie fühlen sich dem Leben nicht gewachsen und scheinen außerstande in Beziehung zu gehen.

Covid-19 lässt genau diese Schwäche sichtbar werden. Zu dem „normalen" Stress kommt jetzt noch eine weitere Belastung dazu, die von unserer Regierung als existentiell gefährlich eingestuft wird. Wir Menschen werden in dieser Situation mit ihren schlimmsten Ängsten konfrontiert. Sie werden von der Gruppe isoliert und müssen die Krise alleine durchstehen. Das System empfindet das Alleinsein als Bestrafung für das eigene Verhalten von dem man selber nicht überzeugt ist, aber mangels an Alternativen daran festhält.
Das zwingt die Menschen dazu, sich den Forderungen und Vorschriften, die von der Regierung erlassen werden, willenlos zu folgen, was das Gefühl der Abhängigkeit von der Meinung und der Zufriedenheit anderer mit den eigenen Leistungen noch verstärkt. Also befolgen wir im Moment brav die Anweisungen und wagen es nicht mal, eigene Gedanken und Pläne zu entwickeln.
Spannend sind allerdings die Pannen, die bei dem „Kampf" gegen einen Virus passieren. So haben zum Beispiel Hersteller von Schutzkleidung schon frühzeitig darauf hingewiesen, dass Vorräte angelegt werden müssen. Erschwert wird die Lage dadurch, dass die Chinesen die Hauptlieferanten sind und 95% ihrer Erzeugnisse für sich selber behalten. Leider hat es mal wieder eine Panne im Gesundheitsministerium gegeben, und die Appelle von Unternehmern, die mit der Produktion von Schutzkleidung und Atemmasken zu tun haben, blieben ungehört und vor allem unbearbeitet. Der Bürger schränkt sich ein, um Alte und Vorbelastete zu schützen, und das gerne. Die ganze Zeit wird uns die Dramatik, mehr oder weniger glaubhaft, vermittelt, gleichzeitig aber versäumt es die Regierung ihren Teil der Vereinbarung zu erfüllen. Man kann sich dabei auch mal die Frage stellen, ob die Panik nur veranstaltet wird, weil wir für eine Pandemie nicht gerüstet sind, so wie es uns schon seit Wochen zugesichert worden ist. Die Intensivstationen sind in normalen Zeiten schon zu 75% ausgelastet. Die Patienten, die dort

behandelt werden, brauchen den optimalen Schutz und die beste Betreuung. Wenn jetzt noch Corona-Patienten dazu kommen, ist das System schnell überlastet, vor allem wenn die nötige Schutzkleidung fehlt. Den entsprechenden Artikel mit Namensnennung des Unternehmens und dessen Zitaten konnte man am 21.3. 2020 bei den News auf dem Handy finden. Wenige Minuten später, als ich die genauen Daten übernehmen wollte, war der Artikel schon wieder von der Seite verschwunden, ersetzt von weiteren Details zu der stattfindenden Katastrophe.

Genauso interessant ist es, dass man von der WHO (Weltgesundheitsorganisation) vor der Wirkung von Ibuprofen im Zusammenhang mit Covid-19 gewarnt hat. Ein paar Tage vorher gab es schon mal eine Meldung mit gleichem Inhalt. Da haben die Verfasser allerdings ein paar Fakten verändert, um der Aussage mehr Glaubwürdigkeit zu verleihen, da sie wussten, dass man der Information sonst keinen Glauben schenken würde. Von Seiten der Verantwortlichen fand wie gewöhnlich nur eine Diffamierung statt, und die Meldung als Fake-News bezeichnet. Niemand nahm Bezug auf die wichtige Aussage dahinter, dass Ibuprofen den Krankheitsverlauf negativ beeinflussen kann. Nachdem die WHO den gleichen Sachverhalt veröffentlich hat und vor der Einnahme gewarnt hat, gab es keine Stellungnahme von der Seite der Verantwortlichen und Ibuprofen wird von Ärzten weiter verordnet wie im Falle eine über 80-jährigen Mannes, der in diesen Tagen, in denen gerade Menschen wie er unseres Schutzes bedürfen, unter Herz – Kreislauf-Störungen gelitten hat. Im Krankenhaus wurde er nicht versorgt, sondern wieder nach Hause geschickt, wo sich sein Zustand allerdings verschlechterte, und die Familie ihn zum Hausarzt brachte. Dort musste er stundenlang warten und dann mit Ibuprofen bewaffnet wieder weggeschickt, woraufhin der alte Mann 7km nach Hause ging (vielleicht weil er dachte, dass ein Spaziergang immer hilft, keine Taxen zu bekommen waren oder er Angst vor der Enge eines Autos mit seiner Infektionsgefahr hatte), wo er vollkommen erschöpft ankam. Ich hatte die Anweisungen der Regierung so verstanden, dass gerade diese Menschen vor Corona geschützt werden müssen. Es ist sicherlich kontraproduktiv, einen hilflosen und verängstigen Menschen zu beschützen, aber stattdessen setzt man ihn Viren in der Öffentlichkeit aus und versorgt ihn auch noch mit dem Medikament, das sich kontraproduktiv auf seine Gesundheit auswirken lässt. Wie schnell wird dieser Mann dann zu einem weiteren Todesopfer, das man dem Virus zuschreibt. Aber viel eher ist er dann an der nichtbehandelten Herz-Kreislauf-Schwäche, Medikamenten, die sich schädlich auswirken können und Erschöpfung gestorben, als an einem Virus.

Inzwischen ist die Veröffentlichung der WHO wieder von ihr selber revidiert worden. Der Virologe Jonas Schmidt-Chanasit vom Bernhard-Nocht-Institut für Tropenmedizin schloss noch am 14./15. 3,2020 nicht aus, dass Acetylsaliscylsäure, aber auch Ibuprofen, bei der Lungenerkrankung Covid-19 nicht hilfreich sein können, da diese Mittel die Blutgerinnung hemme, wodurch sich das Risiko für innere Blutungen erhöht. Da man im Moment allerdings noch keine ausreichend hohe Zahl an Fallstudien überprüfen könne, kann man noch keine ausreichend gesicherte, wissenschaftlich fundierte Aussage machen. Ich frage mich nur, ob nicht schon der Verdacht ausreicht und man die Bevölkerung, vor allem die Risikogruppen, vor zusätzlichen Belastungen warnen muss. Ob die WHO ihre Warnung aus Überzeugung zurückgenommen hat, oder weil der Druck der Pharmaindustrie zu groß geworden ist, wird man nie nachweisen können. Tatsache aber ist, dass kein Mensch mehr weiß, worauf er sich verlassen kann, da es keine Menschen gibt, die den Überblick noch haben und mit Sicherheit wissen, was zu tun ist.

Das Vertrauen in Aussagen und Forderungen werden auf diese Weise immer mehr erschüttert, sodass die Menschen anfangen müssen, sich auf sich selber zu verlassen und für das eigene Leben Verantwortung zu übernehmen. Covid-19 lässt es immer weniger zu, in der gewohnten Routine weiterzumachen, weil man sich auf nichts und niemanden mehr verlassen kann. Ich unterstelle keinem der Verantwortlichen böse Absicht, aber absolute Ahnungslosigkeit, die keiner zugibt. Stattdessen geben sie Statements ab, die eher verunsichern als beruhigen. Die Bürger sollen animiert werden, berechtigte Anordnungen einzuhalten, deshalb ist es eher kontraproduktiv sie zu Tode zu erschrecken oder zu verärgern, weil weder Angst noch Wut gute Motivatoren sind.

Im Moment erleben Menschen auf allen Ebenen Enttäuschungen:

- Sie sind von sich selber enttäuscht, weil sie ihre eigene Hilflosigkeit spüren
- Sie sind von den Verantwortlichen enttäuscht, dass die keine Lösung haben
- Sie sind von den Mitmenschen enttäuscht, dass die sich so egoistisch verhalten und die eigenen Interessen damit beschneiden

Man erlebt die Handlungen andere Menschen als rücksichtlos, verantwortungslos oder egoistisch und zeigt sich enttäuscht, dass man vom anderen nicht ausreichend geliebt oder respektiert wird, dass der alles dafür tut, dass es einem gutgeht. Nach all den Anstrengungen, die man meint aufgebracht zu haben, zeigt man sich enttäuscht davon, dass andere einem nichts zurückgeben, obwohl man ihnen alles geopfert hat. Dabei unterliegt man der Illusion, dass man es ohne eigene Absichten wirklich gutgemeint hat. Wenn man aber hinter den Nebel der Illusion schaut, kann man den egoistischen Versuch, auf sich aufmerksam zu machen, erkennen. Aber solange man den Schleier noch nicht gelüftet hat, hat man einfach nur Angst, dass alle Anstrengungen umsonst gewesen sind. Außerdem fehlen den Menschen die Ideen für brauchbare Alternativen, weil sie aus ihren Erfahrungen gelernt haben und die Reaktionen anderer Menschen, genutzt haben, um zu lernen, was man von ihnen erwartet. Die erlernten Muster funktionieren meistens einwandfrei in der Umgebung, in der man sie erlernt hat. Schwierig wird es

allerdings meistens in Gruppen, in denen die Gruppenmitglieder individuell unterschiedliche Erwartungen und Gewohnheiten erlernt haben und sich deswegen gegenseitig Abwehr signalisieren, weil man das Verhalten des anderen für nicht nachvollziehbar erachtet. Auch dieses Thema findet man in Corona-Zeiten, weil man aus der Komfortzone heraus gezwungen wird und Entscheidungen treffen muss, wie man mit neuen Erfahrungen wie Ausgangssperren, Quarantäne, Hamsterkäufen und Angst vor einer Krankheit umgehen möchte. Dabei kann man andere Menschen beobachten, die ihr Überleben anders sichern wollen, als man es selber für ethisch, moralisch einwandfrei hält. Man geht also mit denjenigen in Resonanz, deren Verhaltensweisen der eigenen Einstellung entsprechen, distanziert sich aber von denjenigen, deren Handlungen die eigene Sicherheit untergraben. Deshalb suchen und finden sich Menschen, die gemeinsam in den Protest gehen und Corona-Partys feiern oder sich als Einzelkämpfer empfinden, die passiv in den Widerstand gehen und dabei nicht an das Allgemeinwohl, sondern an sich selber denken.
Keinem Menschen bleiben Enttäuschungen erspart, jeder ist auf irgendeine Art betroffen: Jobverlust, Kurzarbeit, Kontaktverbot, Ausgangsbeschränkungen, Katastrophenalarm und Kinderbetreuung, inklusive Home-Schulprogramm sind nur einige der Leistungen, die alle Bürger zu bewältigen haben. Sie reagieren mit Enttäuschung, dass zum Beispiel der heißersehnte Urlaub ausfällt, Hochzeiten und andere große und wichtige Feiern, die oft über Monate geplant wurden, ausfallen müssen und der Traum der Selbstständigkeit sich im Nichts auflöst. Jeder Einzelne muss Abstriche machen in der Art seiner gewohnten Lebensführung und sich von vertrauten Ritualen und Routine verabschieden.

Enttäuschungen führen zu innerer Kälte, die der Organismus ausgleichen muss, weil der Organismus nur harmonisch arbeiten kann, wenn das innere Milieu stimmt. Dafür muss die Körpertemperatur ein paar Zehntel unter 37Grad konstant gehalten werden. Die Regulation erfolgt im Rahmen der Zellatmung, bei der mit Hilfe von Sauerstoff Oxidationsprozesse stattfinden, bei denen Energie in Form von Wärme frei wird.
Bei innerer und äußerer Kälte muss der Körper sich vor Wärmeverlusten schützen und schließt deshalb die Poren der Haut, sodass keine Flüssigkeit mehr nach außen gelangen kann. Die abgekühlte Flüssigkeit an der Oberfläche des Körpers wird durch erwärmte Flüssigkeit getauscht, wobei der Organismus Schwerstarbeit zu verrichten hat. Trotzdem dringt die Kälte immer tiefer ins Körperinnere hinein.
Genauso schwer ist es für ihn, zu starke innere und äußere Hitze auszugleichen. Der Temperaturausgleich wird durch Verdampfung von Flüssigkeit reguliert. Dabei dringen Wassermoleküle durch die Hautoberfläche nach außen, wobei sich die meiste Energie verflüchtigt.
Beide Regulierungen kosten viel Natrium chloratum **(vgl.Schüssler Feichtinger, Mandl, Niedan-Feichtinger,2017, S.313ff)**, das Wasser anziehen und an sich binden kann, und in der gebundenen Form mit dem Konzentrationsgefälle fließt und in dieser Form ins Zellinnere gelangt, wo es gespalten wird in Wasserstoff und Sauerstoff, die einzeln für den Zellstoffwechsel benötigt werden. Dabei entsteht mit Hilfe des Sauerstoffs in der Zelllunge Energie. Außerdem können mit dem Wassereinstrom auch andere Mineralien, Vitamine und Spurenelemente in die Zellen gelangen.
Der Wasserhaushalt wird immer über die Haut, Lunge, Leber und Niere geregelt. Wichtig ist allerdings eine ausreichende Zufuhr, die den Bedingungen angemessen ist. Leidet der Organismus bei innerer

und äußerer Hitze unter großen Wasserverlusten, muss man bekanntermaßen reichlich Wasser trinken.
Problematisch ist es allerdings auch, wenn man unter innerer Kälte leidet. Der Organismus versucht sich dann innerlich anzuheizen und konsumiert dann bevorzug Kaffee, Tee, aber auch Alkohol. Das und die Zufuhr von konzentrierten Flüssigkeiten wie Limonaden oder Säfte verursacht den Verzicht des Körpers auf weitere Flüssigkeiten. Leidet der Organismus unter einem Wasser-Defizit, gelangt zu wenig Wasser in die Zellen, sodass auch zu wenig an Wasserstoff gebundene Sauerstoffionen vorhanden sind, und deshalb die Energiegewinnung eingeschränkt ist.
Kommt es zu einer Infektionswelle, muss man sich die Frage stellen, inwieweit der Organismus im Gleichgewicht ist. Hat er sich durch Stress schon erschöpft und lange Zeit versucht, diesen Zustand der Kälte oder Hitze, die beim Erleben von Enttäuschungen entstehen, nicht zu verändern, sondern nur über den Konsum von Kaffee, Zigaretten, Alkohol, aber auch die falsche Nahrung wie Weizen, Zucke rund Milchprodukte zu kompensieren. Das führt einerseits zu einer Verschlackung des Gewebes, was zu einem schlechten Stoffaustausch führt oder andererseits zu einem Defizit im Wasserhaushalt, durch den die Zellen innerlich austrocknen. In beiden Fällen kommt es zu einer schlechten Versorgung der Zellen, die unter diesen Bedingungen weder einen normalen Stoffwechsel aufrechterhalten noch Energie gewinnen können.
In Zeiten, wo Menschen schon prophylaktisch gegen Viruserkrankungen geimpft werden und alle Krankheiten behandelt werden, kann man der Ursache für Störungen nicht auf den Grund gehen. Das Immunsystem ist mit dem auslösenden Stress überfordert und deshalb gerät der Mensch immer mehr in eine Abhängigkeit von Menschen und Medikamenten, die das jeweilige Problem beheben sollen. Anstatt sich also mit der Ursache der Enttäuschung zu

befassen, die dazu führt, dass man sich durch Kompensationen selber schädigt, versucht man mit Hilfe anderer die entstandenen Symptome zu besiegen. Dadurch aber, gerät man immer mehr in Abhängigkeit von anderen, was das eigene Selbstwert und damit das Vertrauen in sich selber schwächt.
Corona ist also eine gute Gelegenheit für jeden von uns, zu sich selber zu finden und sich frei zu machen von allen Abhängigkeiten. Solange niemand die Lösung kennt und es vor allem keine rettenden Medikamente gibt, sind wir Menschen offener für neue Einsichten und Erkenntnisse und damit für echte Veränderung, die in Eigenverantwortung und Selbstkontrolle liegt.
Es geht nicht darum, die präventiven Maßnahmen nicht zu befolgen, sondern eher darum, sie aus Verantwortungsbewusstsein mitzuleben, weil man den eigenen Wert und den anderer erkannt hat. Das Bewusstsein von Selbstwert und Selbstachtung verhindert die Tendenz der Selbstzerstörung und/oder den Versuch anderen Menschen Schaden zuzufügen, weil man das Empfinden hat, dass die das Gleiche mit einem auch getan haben.

Zusammenfassend kann man feststellen, dass Stress anfällig für Krankheiten macht. Dadurch dass Menschen sich körperlich bei dem Versuch erschöpfen, mit ihren Belastungen umzugehen, geraten sie im Laufe ihres Lebens immer weiter ins Ungleichgewicht, bis sie nicht mehr funktionieren können, obwohl sie von der Einstellung dazu bereit sind. Covid-19 ist ein neuer Anlass, sich mit noch nicht erkannten Zusammenhängen auseinanderzusetzen, um darüber zu einer neuen Einstellung zu sich und der Gruppe zu kommen.

Die Wirkung auf die Psyche

In Zeiten der Krise werden bei Menschen nicht nur das Bewusstsein, sondern vor allem das viel größere Unterbewusstsein angesprochen. Dort sind alle erlernten, angenommenen und angeborenen Erfahrungen inklusive der dazugehörigen Bewertungen gespeichert und können jederzeit aktiviert werden.
Im Falle einer Gefahr durch Viren werden bei jedem Menschen unterschiedliche Ängste angesprochen. Manche haben Angst vor den Folgen einer Krankheit, andere vielleicht vor Kontrollverlust, Abhängigkeit, Dummheit, Naivität, Aggressivität, Hilflosigkeit oder Veränderung. Problematisch in dieser Zeit ist die Tatsache, dass man die angstauslösenden Themen überall beobachten muss und dadurch ebenfalls leicht in Panik fällt.
Menschen neigen dazu, ihre Angst vor anderen zu verstecken, weil sie glauben, sich so unangreifbar zu machen und sich so vor Verletzung schützen zu können. Man unterscheidet vier verschiedene Verhaltensformen als typische Reaktion auf die eigene Angst.
Zum einen gibt es Menschen, die mit Aggression auf das Geschehen reagieren, wobei man diese in vielen Fällen nicht so leicht identifizieren kann, da es in der heutigen Zeit kaum noch Menschen gibt, die ihre Fäuste ballen und einfach zuschlagen. Heutzutage zeigt sich Aggressivität eher in der Art und Weise, wie man notwendige Vorschriften formuliert oder auf der anderen Seite, wie man sie befolgt oder eben nicht. Wird eine Forderung so formuliert, dass daraus ein Zwang wird, reagieren Menschen, die sich nicht so leicht unterwerfen können, oft mit Aggressionen. Obwohl sie den Sachverhalt nachvollziehen können, ist es ihnen, aufgrund ihrer meist unbewussten Ängste nicht möglich, die Anweisungen zu befolgen, weil sie sich mit ihrer Aggression im Endeffekt nur selber beschützen wollen.

Genauso verhält es sich, wenn Menschen ihre Ängste mit dem Zeigen von Unmut, Rückzug oder dem Versuch zu kompensieren, beantworten. Jede Verhaltensform ist ein Versuch des Systems, sich von den Forderungen und Anforderungen anderer zu distanzieren, um auf diese Weise durch Befehle hervorgerufene Ängste nicht durchleiden zu müssen.

Im Endeffekt ist jede Angst für den Betroffenen existentiell, weil man Beziehungen konkurrierend empfindet, und ständig in Gefahr läuft, manipuliert, missbraucht oder besiegt zu werden. Im Laufe der Evolution mussten die Menschen, dass es „Das Glück der richtigen Geburt" gibt und „Der Stärkere gewinnt". Daraus haben Menschen die richtigen Rückschlüsse gezogen, und sich ein Verhalten angeeignet, dass sie unter Ausnutzung ihrer Eigenschaften und Talente, in allen Lebenslagen die Führung übernehmen können. So haben zum Beispiel Mediziner und Virologen sehr lange studiert und geforscht, um in einer durch Viren ausgelösten Krise, jetzt mit ihrem Sachverstand weiterzuhelfen. Problematisch dabei ist allerdings die Tatsache, wie der Virologe Christian Drosten selber zugab, dass er zwar die Wirkung von Viren beurteilen könne, allerdings nicht welche Maßnahmen man ergreifen muss und welche kann, um der Situation Herr zu werden.

Das eigentliche Problem besteht darin, dass wir Menschen niemals gelernt haben, auf Augenhöhe miteinander zu kommunizieren. Niemand beachtet die Macht des Unterbewusstseins, das die Menschen handeln lässt, ohne sich der Konsequenzen, Vorurteile und Bewertungen bewusst zu sein.

Menschen sind es nach vielen tausenden Jahren leid zu leiden. Sie wissen alles über Schmerzen, Qualen, Sorgen und vor allem Ängsten und versuchen konsequent eine Wiederholung zu vermeiden. Dafür setzen sie alle ihre Mittel ein, um sich vor weiteren schlechten Erfahrungen zu schützen, im Notfall auch auf Kosten anderer. Bei

dem egoistischen Versuch, das eigene Leben und Überleben, und das möglichst in einer guten Qualität, abzusichern, verlieren die Beziehungspartner das Vertrauen in die Zuverlässigkeit des anderen. Das erschüttert die Basis, ohne die es keine gleichberechtige Zusammenarbeit geben kann.
Das meist einschneidende Erlebnis, an dem man die engsten Beziehungspartner als unzuverlässig wahrgenommen hat, kann schon vorgeburtlich stattgefunden haben. Das ungeborene Kind ist mit der Mutter sehr eng verbunden und bekommt über das Blut alle wichtigen Betriebs- und Funktionsstoffen Informationen in Form von Nährstoffen, Immunkörper, Enzyme und Hormone , spürt aber auch über die Muskelspannung, die im Falle von Angst, Sorgen und Verwirrungen den Lebensraum des Kindes eng macht, die Empfindungen der Mutter. Auf diese Weise kommuniziert die werdende Mutter mit ihrem Kind, das allerdings ohne es zu wissen. Das heranwachsende Kind spürt also die Empfindungen der Mutter und erlebt das Resultat immer in Beziehung zu dem eigenen Zustand, wodurch eine abhängige Verbindung entsteht. Das Kind macht die Erfahrung, dass es sich immer dann gut fühlt, wenn die Mutter entspannt ist, weil dann ihre Muskulatur weich ist und durch ihr Blut keine Stresshormone sausen, die beim Kind die gleichen körperlichen Zustände erschaffen, wie bei der Mutter. Aber im Unterschied zu der Mutter, kann das Kind den empfundenen Stress nicht in eine körperliche Aktivität umsetzen, sondern muss ihn passiv aushalten. Da ihm noch Bewusstsein fehlt und damit die Möglichkeit des logischen und vernünftigen Denkens, macht es seine Erfahrungen rein auf körperlicher und emotionaler Ebene. Empfindet die Mutter Stress, dann wird der Lebensraum des Embryos eng und die Stresshormone verursachen inneren Stress und Unruhe. Weil das Kind die Ursache nicht versteht, lernt es sich in Beziehung zur Mutter zu setzen, was es auch nach der Geburt rein instinktiv gesteuert

fortführen wird und deswegen die Erwartungen der Mutter zu erfüllen versucht. Ein Kind lernt also meist schon sehr frühzeitig, die eigenen Interessen und Bedürfnisse zurückzustellen und sich stattdessen an die Erwartungen, Hoffnungen und Wünsche seiner Umgebung anzupassen und gibt diese auch im weiteren Leben nicht wieder auf. Die Traurigkeit darüber, dass man die eigenen Potentiale, Ressourcen und vor allem Ziele nicht lebt, zwingt Menschen in den Rückzug. Das bedeutet nicht, dass alle Menschen für die Öffentlichkeit nicht mehr sichtbar sind, sondern nur, dass sie sich hinter einer Fassade verstecken und immer nur Rollen spielen, die den Erwartungen anderer Menschen entsprechen. Auf dieser Basis kann kein Mensch seine äußere und innere Stabilität entwickeln, um das eigene Leben kontrolliert und eigenbestimmt zu gestalten. So gerät man schon am Anfang des Lebens in die Gefahr, jederzeit von anderen entlarvt zu werden, als der Betrüger für den man sich selber hält.

In Zeiten von Krisen und Katastrophen fällt es vielen Menschen zunehmend schwerer, sich den an sie gestellten Erwartungen anzupassen, weil sie das Vertrauen in die Führung verloren haben. Gleichzeitig empfinden sie sich aber immer noch als abhängig, weil sie ihre Fähigkeiten zu keinem Zeitpunkt zu nutzen gelernt haben. An diesem Punkt angekommen, kann man auf die gewohnte Art nicht weitermachen, eine neue hat man aber noch nicht gefunden. So werden Veränderungen der Umgebungsbedingungen zu geeigneten Anlässen für eine Veränderung für jeden Einzelnen.

Um diese Veränderung allerdings mitgehen zu können, muss meine seine tief verwurzelte Angst überwinden, dass die eigene Existenz gefährdet ist, wenn man sich aus seiner Abhängigkeit löst und anderen nicht um den Preis der Selbstaufgabe gefallen muss. Bis ein Mensch allerdings zu dieser Einsicht kommt, wird er von seiner tief verwurzelten Angst verfolgt, dass seine Existenz gefährdet ist, wenn

er dieser Welt hilflos ausgeliefert ist. Daraus entsteht das gesicherte Wissen, dass man starke Partner benötigt, um die Existenz nicht zu gefährden. Dieses Wissen haben wir instinktiv von den Tieren übernommen, die gneau wussten, wenn sie alt, schwach oder einfach anders als erwartet waren, wurden sie von dem Rudel, der Herde zurückgelassen. Da Menschen eine Moral haben, ist es ihnen nicht möglich, derart grausam zu handeln. Aber über reine Versorgungsleistungen geht es auch nicht hinaus, da die Gemeinschaft wenig Wertschätzung und Respekt Menschen zeigt, die für die Gesellschaft nicht produktiv sein können.
Solange die Menschen Angst davor haben, die Gruppe zu belasten und dadurch deren Wut herauszufordern, passen sie sich den Erwartungen lieber an und unterdrücken alle Impulse, die in ihren kreativ zum Ausdruck kommen wollen.
Die Angst, einsam und allein zurückgelassen zu werden, bewirkt oftmals bedingungslosen Gehorsam, weil die Angst davor Schaden zu nehmen, größer ist als die Angst vor dem Verlust der eigenen Rechte, aber auch dessen, was uns wichtig ist wie Freiheit, Schönheit, Freude, Gerechtigkeit und ein gutes Miteinander.
Während der Corona-Krise wird deutlich, wie sehr die Regierungen, die aus normalen, ebenfalls ängstlichen, Menschen besteht, die Lage zu beherrschen versuchen, indem sie Gehorsam abverlangen, anstatt Solidarität, Rücksichtnahme und Verständnis. Jede Anordnung und vor allem der Ton, indem die Vorschriften formuliert sind, macht deutlich, dass man den Bürgern nicht vertraut und ihnen damit nicht zutraut, sich richtig zu verhalten, um mit der Lage umgehen zu können. Da es innerhalb der Gesellschaft bis zu diesem Zeitpunkt nur wenige Menschen gibt, die ein Bewusstsein dafür haben, dass es nicht um Geld, Macht, Ansehen und andere oberflächliche Werte geht, sondern darum in einer harmonischen und vor allem friedlichen

Welt zu leben, kämpfen fast alle um ihr eigenes Leben, und das mit allen ihnen zur Verfügung stehenden Mittel.
Die Art der Krisenbewältigung zeigt das hierarchische Ordnungsprinzip deutlich auf und damit eine Gesellschaftsform, in der, von der Spitze abwärts bis runter an die Basis keiner dem anderen vertraut. Die Führung, bestehend aus Menschen aus den Bereichen Wirtschaft und Finanzen zweifelt an der verständnisvollen Mitarbeit der breiten Masse und benutzt deshalb Politiker und das Gesundheitssystem, um eine Verbreitung zu vermeiden. Auf diese Weise wird die Angst der Menschen benutzt, um die eigene Angst vor dem Verlust von Macht und Materie zu verhindern.
Diese Art von gesellschaftlicher Ordnung, die auf Druck und Zwängen aufgebaut ist, hat im Laufe der Geschichte noch nie zufriedenstellend funktioniert, wie man zum Beispiel an den Sklavenaufständen, den verschiedenen Revolutionen und anderen Umsturzversuchen, die es im Laufe der Geschichte gegeben hat, erkennen kann. Es ist immer nur eine Frage der Zeit, dass dieses instabile Gleichgewicht kippt und die Angst vor einer existentiellen Gefährdung größer wird als die vor der Strafe der Gruppe. In der jüngeren Zeit ist den Deutschen das mit Adolf Hitler passiert, der eine ganze Welt in den Krieg geführt hat, der zig Millionen Opfer auf allen Ebenen gefordert hat. Allerdings verkennen die Menschen, das damals auch andere ebenso politische und wirtschaftlich Interessen eine Rolle gespielt haben, die die Welt gemeinsam in die Katastrophe geführt haben.
Niemals in der Geschichte haben die jeweiligen Führungskräfte einer Gruppe an die Interessen der Menschen gedacht, von deren Mitarbeit sie allerdings abhängig sind.
Die Wirtschafts – und Finanzbosse sind in der Corona-Krise in dem Moment hellhörig geworden, als China, als der größte Produzent und Zulieferer für viele Güter, Medikamente, aber auch wichtiger Teile, die für die eigene Produktion benötigt werden, plötzlich durch einen

Virus lahmgelegt wurde. Der Stillstand des gesamten öffentlichen Lebens hatte demnach nicht nur für China erhebliche Konsequenzen, sondern auch für alle Partner, die von deren Leistungskraft abhängig sind. Aber anstatt sich diese Abhängigkeit genauer anzusehen und die Gelegenheit zu nutzen, Überlegungen anzustellen, wie man sich daraus befreien kann, versuchen die Verantwortlichen stattdessen, die Menschen in ihrer Arbeitsfähigkeit gesund zu erhalten, damit sie auf die gewohnte Art weitermachen können.

Damit droht die Chance die Covid-19 uns schenkt, wirkungslos zu verpuffen und die Ängste, die die Menschheit im Moment durchleiden muss, umsonst sind. Solange Menschen sich ihrer eigenen Motivation nicht bewusst sind, werden sie von ihren Instinkten kontrolliert. Sie nutzen dann automatisiert und konditioniert ihre erlernten Kompetenzen und Fähigkeiten, um sich im Leben auf eine neue Art durchsetzen zu können.
Bisher sind Menschen in ihrem Miteinander darauf ausgerichtet, sich zu besiegen. Im täglichen Kampf gegeneinander geht es für jeden rein um das eigene Überleben, wobei die Mittel mit denen man dieses Ziel erreichen kann, kompromisslos angewendet werden. Da wo es aber Sieger gibt, gibt es auch immer Verlieren. Menschen kennen das Gefühl Verlierer zu sein und die daraus resultierenden Konsequenzen. Im Falle einer Niederlage kommt es immer zu einem Verlust von irgendetwas was man für sich und die eigene Sicherheit haben möchte. Es kann sich um den Verlust von Materie handeln, aber heutzutage geht es dabei eher um Anerkennung, Liebe, Respekt, Nähe, Möglichkeiten, Glück oder Zufriedenheit. Problematisch aber ist die unterschiedliche Ausrichtung und Fokussierung auf das was man als wertig empfindet und was man für das Gefühl von Sicherheit und Geborgenheit braucht. Dabei ist das was man dafür als wichtig immer das, was man irgendwann im Leben verloren hat. Hat man die

Nähe der Eltern vermisst, dann wird man alles dafür tun, diese Nähe in der Verbindung zu anderen Menschen zu spüren. Wenn der Mensch allerdings, den man sich dafür als Partner ausgesucht hat, um Nähe zu teilen, seinen Schwerpunkt auf die Absicherung der eigenen Existenz durch Anerkennung gelegt hat, wird eine Partnerschaft schwierig, weil ein Partner seine Aufmerksamkeit auf das Außen richtet und der andere auf den Partner. Beide konzentrieren sich nicht aus reiner Liebe aufeinander oder darauf, was sie für sich selber tun können, damit sie sich sicherer fühlen können, sondern darauf, sich kämpferisch mit den eigenen Ideen und Plänen durchzusetzen.
Das was in einer Partnerschaft schon zu Schwierigkeiten, Vertrauensverlust und Wut aufeinander führen kann, birgt das Potential für große Krisen, wenn es Menschen betrifft, die weitreichendere Ziele und Ideen haben, deren Umsetzung nur auf Kosten vieler Menschen geht.
In der Zeit von Corona werden die unterschiedlichen Ambitionen sehr deutlich. Schon lange, begreifen die früheren rechtlosen Menschen, deren aktive Mitarbeit benötigt wird, um das gesamte System am Laufen zu halten, dass es ohne sie nicht geht. Da sie niemals den nötigen Respekt erfahren haben, von dem sie glauben, dass sie ihn verdient haben, verweigern sie zunehmend ihre Mitarbeit. Da sie aber gleichzeitig ausreichendend finanziell versorgt werden müssen, bleiben sie in abhängigen Beziehungen hängen. Das kann man bei Frauen beobachten, die von ihren Männern abhängig sind; bei Kranken, die im Fallen von Krankheit erst vom Arbeitgeber, dann von der Krankenversicherung weiterbezahlt werden; bei Arbeitslosen, die vom Arbeitsamt Geld erhalten oder bei Menschen, die nicht arbeiten und deshalb vom Sozialamt Geld bekommen. Viele Bürger verlassen sich also automatisch darauf, dass sie von anderen gut versorgt werden. Deshalb „planen“ sie ihr Leben so, dass sie Menschen und

Institutionen finden, auf deren Zuverlässigkeit sie sich verlassen können. Dafür treffen sie rein unterbewusst die Entscheidung, eine Lebensform zu gestalten, die von anderen als Ist-Zustand wahrgenommen wird, und der sie dazu antreibt, damit in Resonanz zu gehen. Da die Menschen gelernt haben, gut zu sein, sind sie quasi gezwungen, ihren hilflosen Bürgern, Partnern, Freunden, Kollegen und Mitarbeitern beizustehen. Die Entscheidung dazu, ist nicht freiwillig, sondern eher durch das Gefühl von Mitmenschlichkeit und sozialer Verantwortung motiviert. Auf diese Weise kann sich jeder Mensch relativ sicher sein, die Existenz abzusichern. Der Nachteil dabei ist, dass hilflose Menschen eher passiv in ihrer Entwicklung und Selbstverwirklichung bleiben, weil sie gelernt haben, dass sie sich auf andere verlassen können. Sie neigen deshalb dazu, ihre eigenen Möglichkeiten nicht kennenzulernen und entwickeln zu wollen, weil sie die Vorteile ihrer bequemen Lebensführung nicht aufgeben. Menschen aber, die ihre Potentiale nicht zur Entfaltung bringen, können der Gesellschaft auch nichts zur Verfügung stellen und damit zum Gelingen des Ganzen zu wenig beitragen. Das wiederum verärgert diejenigen, die sich verpflichtet fühlen, Verantwortung zu übernehmen. Da dieser Menschentyp allerdings auch nur instinktiv das tut, was er irgendwann in der Kindheit gelernt hat, versteckt sich hinter der Aktivität auch nur der Egoismus, erlittene Verluste wie zum Beispiel die von Anerkennung, Liebe oder Nähe, auszugleichen. Hinter allen Handlungen verbirgt sich also der Versuch anderen Menschen zu beweisen, dass man es wert ist, von ihnen Anerkennung, Liebe oder Nähe zu bekommen.
Diese Art des Miteinanders bestimmt im Moment das menschliche Miteinander überall auf der Welt. Ungeachtet der kulturellen, politischen und sozialen Umstände findet man immer sogenannte Opfer, die ihre Mitarbeit verweigern und Täter, die egoistisch versuchen, das eigene Überleben abzusichern. Beide Menschentypen

bewerten sich zu Recht gegenseitig als unzuverlässig und wenig vertrauenswürdig und versuchen sich gegenseitig zu besseren Leistungen zu motivieren. Da sich hinter den Versuchen allerdings eine gewissen Wut auf das Verhalten der Anderen versteckt. Anhand von Beobachtungen hinsichtlich auf Verhalten, Körperhaltung und der Stimme, inklusive von Lautstärke, Rhythmus, Melodie und Inhalt, registrieren wir die unterschwellige Aggression und die Wut, und beziehen die Emotion direkt auf sich.

Die Angst davor, Aggression und Wut beim anderen auszulösen und dann auch aushalten zu müssen und vor allem sich selber als Auslöser wahrzunehmen, verunsichert die Menschen, da sie die Konsequenzen von beiden als zerstörend kennen und fürchten gelernt haben.

Da in der heutigen Zeit bei vielen Menschen unterschwellige Aggressionen zu spüren sind, ziehen sich die Menschen noch weiter in sich zurück, wodurch die Lebensqualitäten von Nähe und Liebe, aber auch Anerkennung, noch mehr verloren gehen. Weder Opfer noch Täter erkennen sich als mögliche Ursache dafür, sondern erklären die Partner, Kollegen und Freunde zu den für die Unannehmlichkeiten und Missstände Verantwortlichen. Wenn jeder für sich die Schuldfrage geklärt hat, haben sich die Beziehungsfronten weiter verdichtet und der Abstand sich erhöht.

Das daraus resultierende Bewertungssystem zwingt Menschen verstärkt dazu, ihre sowieso vorhandene Neigung, Erwartungen zu erfüllen, zu verstärken und sich ohne Gegenwehr den Zwängen der Gemeinschaft zu unterwerfen.

Diejenigen aber, die täglich ihrer Arbeit nachgehen, dafür allerdings keine Anerkennung und Achtung erfahren, bleiben unbeachtet und meistens nicht besonders wertgeschätzt. Dieser Menschentyp zählt

zu den Rettern, die meist in schlecht bezahlten und wenig beachteten Stellen ihrer Arbeit nachgehen, wie es zum Beispiel bei Kranken – und Pflegekräften, Mitarbeitern im Einzelhandel, Auslieferern, LKW-Fahrern und Müllarbeitern, zu beobachten ist. Der Retter hat die unbestimmte Absicht, die Welt besser zu machen und ist bereitwillig seinen Beitrag zu leisten. Dafür arbeiten sie täglich, wobei ihre Frustration über fehlende Dankbarkeit und Wertschätzung immer mehr zunimmt und damit im gleichen Maße ihre Wut über diese Ungerechtigkeit.
Corona deckt dieses Miteinander schonungslos auf, wodurch man eine echte Chance auf Veränderung hat, weil sich alle Beteiligten ihrer Verantwortlichkeit bewusstwerden können.
Der Weg dahin geht allerdings nur über Stress, der groß genug ist, dass er bei einem Menschen Betroffenheit auslöst. So lernen wir in dieser Zeit viel über wahre Werte, die die Oberflächlichkeit des materiellen Besitzes ad absurdum führt, genauso wie diejenigen Menschen in den Vordergrund rücken, die bisher unbeachtet geblieben sind. Auf diese Weise wird uns der Wert jeder Arbeit und jeder Leistung bewusst, weil es ohne die tätige Mitarbeit aller in keinem Bereich unserer Gesellschaft funktionieren kann. Jeder Mensch ist ein wichtiges Zahnrad im großen Getriebe, und hat damit die Möglichkeit das Große und Ganze am Laufen zu halten.
Die Geschichte hat schon oft gezeigt, dass man nichts und niemanden zwingen kann. Im besten Fall bekommt man einen verunsicherten und ängstlichen Mitarbeiter, der allerdings in seiner Leistungsfähigkeit eher eingeschränkt ist, im schlimmsten Fall aber geht er in den Widerstand, um sich gegen die Verpflichtung zu wehren. In beiden Fällen bringt ein Mensch sich nicht ein mit all seinen Möglichkeiten ein, weil der Fokus eher darauf ausgerichtet ist, sich gegen Forderungen und Erwartungen anderer zu wehren. Der

Kampf gegeneinander wird auf diese Weise ständig neu angefacht und dadurch intensiviert.
Die Regierung darf sich in einer Zeit, die von allen als bedrohlich empfunden wird, weil sie unbekannt ist und der Verlauf deswegen schwer einzuschätzen ist, nicht instrumentalisieren lassen. Es bringt nichts Zwänge aufzubauen, weil dadurch nur die individuell erlernten Verhaltensmuster verstärkt werden, mit denen man das Leben bisher erfolgreich kontrollieren konnte. Da der Fokus immer auf das Problem gerichtet ist, werden wir automatisch daran gehindert, neue Erfahrungen zuzulassen und damit auch Probleme zu lösen.
Solange wir Menschen versuchen, einen Virus zu bekämpfen, haben wir schon verloren. Viren gehören zum Leben dazu, genauso wie Bakterien und Pilze. Vielleicht haben Viren die Aufgabe, das körpereigene Immunsystem zu stabilisieren, damit wir mit krankheitsauslösenden Faktoren eigenverantwortlich selber umgehen können. Heutzutage aber haben wir unsere natürliche Immunität und Abwehrmöglichkeiten verloren und sind Eindringlingen von außen hilflos ausgeliefert. Krankheitserreger sind nicht immer rein materieller Natur. Genauso hilflos sind wir Gedanken, Emotionen, anderen Menschen und Ideen von außen ausgeliefert und gehen damit in Resonanz. Je nachdem, ob und wie man mit den aufgenommenen Eindrücken mitschwingt, erlebt man dabei Verletzung und Distanz einerseits und Nähe und Belohnung andererseits.
Wir Menschen gehen auch mit einem Virus in Resonanz, der das Wesen seines Wirtes benötigt, um überleben zu können und nimmt dabei das Wesen seines Trägers an.
Atome sind reine Energie, die erst materiell werden, wenn sie sich mit einer genügend großen Zahl gleichschwingender Atome zusammentun. Daraus werden spezialisierte Zelleinheiten, die gemeinsam einer Aufgabe nachgehen, wie zum Beispiel Lunge,

Magen, Haut, Dünndarm, Leber und alle anderen Organsysteme. Ein Virus ist nur ein Einzeller, der keine eigene Schwingung hat und deshalb nur in Resonanz gehen kann mit der Schwingung seines Wirtes. Da sich heutzutage alle Menschen im Kampf gegeneinander befinden, um auf diese Weise ihr eigenes Überleben dadurch abzusichern, dass sie sich mit ihren Plänen und Strategien gegen die Interessen anderer durchsetzen. Daraus entwickelt sich eine unglaubliche Wut auf diejenigen, die sich erfolgreicher durchsetzen können, und auf Kosten anderer ihr Leben gestalten. Davon betroffene Menschen zeigen dann ein oftmals passiv aggressives Verhalten, mit dem sie die Macht anderer zu sabotieren versuchen. Ein Virus, der kein Eigenleben hat, übernimmt zwar den Zellstoffwechsel und nutzt ihn, um das eigene Überleben abzusichern, ist aber dabei in Resonanz mit den Energien des Wirtes. Er übernimmt sozusagen dessen „Grundstimmung“. So wird aus einem anfangs relativ harmlosen Virus, ein sehr aggressiver, der sich stark verbreitet und heftige Folgen haben kann. Das Wesen des Virus entspricht also jeweils dem seines Wirts. Bei vielen Menschen verursacht er nicht mal Symptome, bei anderen endet er tödlich, je nachdem mit welchen meist unterbewussten Emotionen man im Leben unterwegs ist.

Allerdings wird dieser Sachverhalt für uns Menschen in diesen Zeiten zum Problem, weil die Einschränkungen, Verbote und vor allem der Umgangston der Verantwortlichen ihren Bürgern gegenüber, oft zu Wut und Aggression führen. Genauso problematisch ist dann andere Bürger zu beobachten, die sich nicht an die Regeln halten oder Vorräte hamstern, um so die vernünftigen Menschen zu gefährden. Überall kann man Egoismus und das Demonstrieren von Stärke und Macht wahrnehmen und wird dabei automatisch von den eigenen

Emotionen überschwemmt, die dann den „Nährboden“ für Krankheitserreger werden.
Kampf, Vorwürfe, Bewertungen, Kritik, Vorurteile und vieles mehr zerstören die gemeinsame Basis einer jeden Beziehung und lösen Emotionen aus, die das menschliche Verhalten unterschwellig beeinflussen.
An diesem Punkt könnte man die Vermutung äußern, dass in dem Erkennen dieser Zusammenhänge die Chance der Corona-Krise liegt. Anstatt sich gegenseitig zu beobachten und zu kritisieren, was wirklich alle Akteure angeht, sollte man bei sich bleiben oder die die Zeit der Entschleunigung nutzen, um zu sich selber zu finden. Dabei ist es vollkommen unerheblich, was andere tun oder lassen, weil nur zählt, wie man sich selber verhält und wie sehr man mit sich zufrieden sein kann, weil man auch in schweren Zeiten nicht auf Kosten anderer gelebt hat, sondern vielleicht sogar Optimismus und Lebensfreude verbreitet hat. Wenn das keine Wirkung auf die Umgebung hat, kann es trotzdem einen großen Erfolg bewirken: Man ist nicht krank geworden und wenn, war es harmlos.

Die Erfahrung, sich erfolgreich durchgesetzt zu haben, macht einen Menschen sehr zufrieden. Jeder kleine Erfolg trägt dazu bei, dass man lernt, auf sich selber vertrauen zu können. Da die meisten Menschen schon am Anfang ihres Lebens, die meist schmerzhaften Erfahrungen machen müssen, dass sie in für sie wichtigen Momenten alleine gelassen werden und sich deswegen einsam und vor allem hilflos fühlen, verlieren sie entweder das Vertrauen in die Zuverlässigkeit anderer Menschen und/oder das in die eigene Wertigkeit. Dabei müssen die Situationen, von außen betrachtet, nicht dramatisch wirken, für das Kind aber bricht dabei eine Welt zusammen. Das kindliche Urvertrauen kann zum Beispiel durch die Trennung des Kindes von der Mutter direkt nach der Geburt verursacht werden oder nach einem heftigen Sturz, bei dem keiner kommt, um es zu trösten. Die Kinder erleben sich in diesen Momenten vor Probleme gestellt, die für sie nicht lösbar sind. Sie können heftige Schmerzen oder Angst haben und müssen diese Überflutung an Reizen alleine aushalten, ohne aktiv etwas daran verändern zu können oder eine Hilfsperson an der Seite zu haben, die entweder trösten oder retten kann. Gleichzeitig mit der Reizüberflutung aus dem außen, wird das System mit Emotionen durchflutet, die das Empfinden der Hilflosigkeit noch verstärken, weil man das Erleben emotional bewertet. Angst, Traurigkeit, Wut, Eifersucht, Rachsucht sind nur einige Empfindungen, die man spüren kann und die das Verhalten, dass man als Reaktion auf eine Erfahrung produziert. Gefühle sind, genauso wie Gedanken, immer vorhanden und prägen die Einstellungen mit denen man durchs Leben geht und damit auch die Art der Zusammenarbeit mit anderen Menschen. In erster Linie versucht ein Mensch immer sich selber zu retten. Das beginnt in dem Moment, indem man das Vertrauen in die eigene Wertigkeit und die Verlässlichkeit anderer Menschen verloren hat. Die Empfindungen im Moment des Verlustes des Urvertrauens haben sich nachhaltig in das Gedächtnis eingegraben und werden jeweils wieder reaktiviert, wenn die Gefahr einer Wiederholung besteht. Deshalb versuchen Menschen mithilfe von Hilfsbereitschaft, Fürsorge, Liebe, Zuversicht und Optimismus andere Menschen verpflichtend in ihre Nähe zu zwingen. Vor allem Frauen haben diese Mittel gerne und oft benutzt und waren damit auch immer ziemlich erfolgreich. Die Motivation für Liebe und die anderen Eigenschaften ist dabei aber nicht aufrichtige Zuneigung, sondern die Angst, dem Leben hilflos ausgeliefert zu seinen, weil man sich als zu klein, schwach oder wertlos erlebt hat, um für andere interessant zu sein. Deshalb neigen Frauen, zunehmend aber auch Männer, dazu, sich für andere interessant zu machen, indem man ihnen das schenkt, was die am meisten vermissen, nämlich Nähe und Liebe.

Auch dieses Verhaltensmuster wird in einer Zeit, in der ein Virus die Welt auf den Kopf stell, hinterfragt, weil diese Art zu reagieren nicht mehr zum Erfolg führt, weil man einerseits die Menschen, von deren Stärke man sich abhängig fühlt, genauso hilflos sind, wie man selber und weil man andererseits in den Rückzug gezwungen wird und deshalb nicht mehr so wie gewohnt in den Kontakt mit anderen Menschen kommen kann. Die Menschen können nicht mehr ihre automatisierten Gewohnheiten ausleben, um die Nähe zu erschaffen, die sie für das Erleben von Sicherheit und Geborgenheit von anderen haben wollen. Die Chance zur Veränderung liegt darin, zu erkennen, dass man niemanden braucht, der diese Arbeit für einen tun muss. Jeder hat alles zur Verfügung, um aktiv für die eigene Sicherheit zu sorgen. Sobald ein Mensch zu dieser Einsicht gekommen ist, lässt er Partner, Kollegen, Freunde, Nachbarn und vor allem seine Kinder los, die bis zu diesem Zeitpunkt für diesen Zweck ausgenutzt, wenn nicht sogar missbraucht wurden. Dieser unbewusst stattfindende Missbrauch verunsichert die davon Betroffenen und lässt sie hilflos und machtlos zurück. Da alle Menschen irgendwann in ihrem Leben ihr Urvertrauen verloren haben, sind sie alle abhängig von der Liebe und Nähe anderer. Das Gefühl aber nur gebraucht zu werden und nicht geliebt, wirkt sich nicht nur auf die Emotionen aus, sondern auch auf das Selbstwert, sodass das innere Wissen entsteht, nur gebraucht zu werden, wenn man die Erwartungen anderer erfüllt. Dieses Wissen trägt nicht zur Zufriedenheit der Mensch bei, die zwar innerlich angetrieben versuchen ihre Position hilfsbereit, fürsorglich und liebevoll zu halten, unbewusst aber ihren Widerwillen wahrnehmen, wie sie vieles was sie tun nicht aus Liebe, sondern aus Angst vor Einsamkeit tun. Der Preis, den man zahlen muss, um anderen zu gefallen, damit die für einen da sind, ist der Verlust

Zufriedenheit mit sich und den eigenen Leistungen. Menschen erleben sich am Anfang ihres Lebens als abhängig und versuchen deshalb Bindungen aufzubauen, die sie tragen sollen. Covid-19 unterbricht unsere Gewohnheiten und gibt uns damit die Chance uns neu zu erfinden.

Heutzutage versuchen zunehmend mehr Menschen, sich nicht mehr von ihren Gefühlen lenken zu lassen, sondern stattdessen Vernunft, Logik und Intellekt zu nutzen. Deshalb haben sie Beobachtungen über Ursachen in einen Zusammenhang mit den Wirkungen gebracht, die diese bei sich selber oder bei anderen ausgelöst haben. Daraus entstanden dann Bewertungen im Sinne von: Wenn ich freundlich und hilfsbereit bin, dann mögen mich andere! Jeder Mensch hat am Anfang seines Lebens entsprechende Erfahrungen damit gemacht, was in der Umgebung gut ankommt und daraus eigene Einschätzungen und Erwartungen gemacht. Unglücklicherweise versäumen es die Menschen, irgendwann im Leben ihren Verstand zu benutzen, um diese Vorgehensweise zu hinterfragen und sich selber und die Beziehungspartner zu fragen, ob das daraus entstehende Miteinander den Wünschen aller Beteiligten entspricht. Wenn man immer nur Drama erlebt hat und sich auch keine andere Realität vorstellen kann, teilt man diese Erwartung mit der Umgebung. Die Mitmenschen nehmen das entweder als Tatsache an und übernehmen die dazugehörigen Ängste, Sorgen und Verwirrungen, weil sie gleiche oder ähnliche Lebensbedingungen kennengelernt haben und gelernt haben, damit umzugehen. Die zweite Möglichkeit besteht darin, dass sie andere Erfahrungen gemacht haben, und deshalb auch andere Erwartungen an das Leben stellen. Eine unterschiedliche Bewertung dessen, was man sich vom Leben erhoffen kann, ist schon eine schwere Belastungsprobe für jede Partnerschaft, weil die Beteiligten jeweils im besten Glauben unterwegs sind, das ihr Verhalten und ihre Wünsche und Hoffnungen die einzig richtige Möglichkeit zum Leben und zum Überleben darstellt. Dabei erfüllt jeder die Bedingungen, die man in frühester Kindheit kennengelernt hat, ohne sie jemals deren Sinn zu hinterfragen, nur weil die wichtigsten Bezugspartner das gleiche getan haben. Der Versuch zu überleben, zwingt Menschen in die bedingungslose Anpassung an die Umgebung. Kinder übernehmen die Hoffnungen, Wünsche, Sehnsüchte und Erwartungen der Eltern. Sie erleben sich dabei in einem abhängigen Verhältnis, sodass sie keine eigene Einstellung zum Leben gewinnen können. Deshalb findet schon frühzeitig eine Identifikation mit den Ideen und Plänen anderer Menschen statt, aber mit deren emotionaler Befindlichkeit. So kann, die Resignation und Hoffnungslosigkeit einer Generation, an die nächste weitergegeben werden, ohne dass sich jemand dieser Vorgänge bewusstwerden kann. Die Ursache liegt heutzutage schon lange nicht mehr darin, dass Eltern diese Anpassung von ihren Kindern erwarten. Da sie aber selber nie gelernt haben, eine eigene Vorstellung vom Leben und von sich selber zu entwickeln, haben sie immer das genutzt, was sie als abhängige Babys und Kleinkinder gelernt haben. Die Trauer über die verpassten Chancen, die Unzufriedenheit mit der Qualität im Leben, die Unsicherheit, sich nicht auf sich selber verlassen zu können und das fehlende Vertrauen in sich und andere Menschen sind die daraus resultierenden Ergebnisse eines angepassten Lebens.

In Krisenzeiten kann man sich oftmals dieser einengenden Abhängigkeit bewusstwerden, weil Autoritäten ihre Macht ausspielen und bedingungslosen Gehorsam fordern. Allein die Wortwahl zwingt den Vergleich zum Nationalsozialismus unter der Führung von Adolf Hitler auf, der mit seinem Machtanspruch die Menschheit in einen Weltkrieg geführt hat.

Auch heute noch nutzen Menschen immer wieder ihre Position, die sie aufgrund ihres Willens unter Ausnutzung ihrer Stärken bekommen haben, um die eigenen Erwartungen durchzusetzen. So haben die Deutschen in der Zeit der Corona-Krise einen bayrischen Ministerpräsidenten, der den Bürgern seine Führungsstärke beweisen möchte, um als potentieller Kanzlerkandidat für die nächste Wahl wahrgenommen zu werden. Das weibliche Gegenstück stellt die deutsche Kanzlerin dar, die wie eine gute Mutter versucht, ihre Kinder zu beschützen. Beide nutzen jeweils ihre Machtposition aus, um die eigenen Interessen durchzusetzen. Auch wenn die Motivation, die Bürger beschützen zu wollen, sympathischer ist als die eigene Machtposition aufzubauen, ist das Resultat für die Menschen gleich: Sie müssen die Anweisungen und Entscheidungen ihrer Führung befolgen. Damit sich der persönliche Wille durchsetzt, müssen alle Bürger, wie unmündige Kinder gehorchen, was wahrscheinlich jeder gerne tun würde, wenn es dem Wohl aller dienen würde. Der Mensch von heute hat aber, bedingt durch die Folgen des 2. Weltkriegs, gelernt, nicht mehr bedingungslos zu gehorchen und reagiert deswegen heute maximal irritiert auf Regeln und Vorschriften. Einerseits besteht die Bereitwilligkeit die Notwendigkeit anzuerkennen und dafür auch alle erforderlichen Maßnahmen mitzutragen, aber andererseits verunsichert die Widersprüchlichkeit der Aussagen und Prognosen über die Gefahr und den Verlauf dieser Virusinfektion viele Menschen. Überall auf der Welt gibt es Menschen, die ihre persönlichen Meinungen und Erwartungen auf den Rest übertragen wollen. Dabei ist es besonders auffällig, wie Andersdenkende diffamiert werden oder Berichte, Interviews und Artikel aus dem Internet gelöscht oder nicht weiter bekanntgemacht werden, wenn sie nicht in die Pläne der Politiker hineinpassen. Beispiele dafür sind: Der Unternehmer, der die Versorgung der Krankenhäuser mit Schutzanzügen beklagt hat; Die

Meldung vom 23.3.2020, dass das exponentielle Wachstum der Infektionen nach nur 7 Tagen Kontaktverbot schon abflacht und Mediziner, wie der bekannte Arzt für Infektionskrankheiten Prof.Dr.Sucharit Bhakdi, die übereinstimmend feststellen, dass hier etwas geschieht, was nichts mit einem Virus zu tun hat. Die Regierungsinhaber auf der ganzen Welt haben ihren Fokus nicht darauf ausgerichtet, Gefahr abzuwenden, sondern sie stören die Harmonie und den Frieden aller durch ihre persönlichen Ziele und Motivationen. Dafür können wir Bürger ihnen aber im Endeffekt dankbar sein. Unsere Aufgabe im Moment besteht darin, uns aus unserer Abhängigkeit zu lösen und ein eigenbestimmtes Leben zu führen. Natürlich ist es richtig, aus Rücksicht auf Alte, Kranke und Schwache, vorsichtig zu sein und Körperkontakt zu vermeiden. Ob es auch für die Risikogruppen vorteilhaft ist, wenn sie wochenlang isoliert zu Hause bleiben müssen, ist dabei natürlich fraglich. Ich persönlich glaube auch nicht, dass der Vorschlag der Kanzlerin, Podcasts fertigzustellen, die man den Isolierten dann zur Verfügung stellt, ihnen helfen wird, vor allem wenn man bedenkt, dass diese Gruppe nicht unbedingt zu den Nutzern des Internets zählt.
Die Art und Weise wie das Problem gemanagt wird, führt zu weiteren Abhängigkeiten. In dem Moment, wo uns das bewusst wird, haben wir die Chance uns daraus zu lösen. Im Moment erkennen wir sie zwar und zeigen uns den Krankenschwestern und Pflegern, den Supermarktverkäufern und Kassierern und allen anderen Menschen gegenüber zwar dankbar, aber ob sich unsere Dankbarkeit auch so auswirken wird, dass wir bereit sind unsere Dienstleister besser zu bezahlen, wird sich erst danach zeigen. Der erste Schritt aus der Krise besteht darin, Abhängigkeiten zu erkennen, die daraus entstehen, dass Menschen gelernt haben, Erwartungen zu erfüllen und dafür anerkannt und respektiert werden wollen. Da sie keinen anderen Weg kennen, zu diesem Erfolg zu kommen, als den die Erwartungen

und Bedingungen ihrer Umgebung zu erfüllen, tun sie das jeden Tag, bis ans Ende ihrer Belastungsmöglichkeit, angetrieben von ihrem Bedürfnis nach Anerkennung und Respekt. Diese Motivation führt zur Überforderung, die im Moment mit Dankbarkeit der Mitmenschen bezahlt wird. Sobald die Krise aber überwunden sein wird, werden die Menschen, die heute im Fokus stehen und endlich die Aufmerksamkeit erhalten, die sich sie sich dringend wünschen, wieder aus dem Fokus der Öffentlichkeit verschwinden. Dazu gehören neben den oben erwähnten Berufsgruppen auch Ärzte, Virologen und vor allem Politiker, für die ein Spielfeld entsteht, wo sie sich in ihrer Kraft spüren und der Welt diese auch beweisen können. Unser Problem besteht also sehr stark darin, dass hier ein Szenario erschaffen wird, von dem sich ein inzwischen bekannter Virologe vorstellen kann, dass es 2 Jahre andauern kann. Auch andere profitieren von der Krise und stellen deswegen die Lösung nicht in den Vordergrund. Zu lösen ist das Problem deswegen nur, wenn man aufhört auf den Respekt anderer ´zu hoffen und deswegen Wege einschlägt, die den erwünschten Erfolg an Aufmerksamkeit und Respekt bringen sollen. Stattdessen sollte man lernen, mit sich zufrieden zu sein, weil man das tut was auch für die Gemeinschaft richtig ist. Dabei ist richtig, was die Welt und das Miteinander schöner, freier, gerechter, freudiger und gütiger macht und nicht ein Verhalten, was Konflikte und Stress erzeugt. Menschen, die nicht mehr abhängig sind von der Anerkennung anderer, sondern sich selber respektieren und sich ihrer Stärken bewusst sind, brauchen keine Krisen zu erschaffen, sondern haben die Zeit und den Raum sich auf das zu konzentrieren, was sie tun sollen, nämlich einfach nur zu leben.

Corona ist nur der Tropfen auf dem heißen Stein

Wir Menschen sind am Limit mit unserer Kraft, nach viel zu vielen Jahren, indem wir anstatt das Leben bewusst zu genießen, ständig darum kämpfen, eine anerkannte und damit gesicherte Position innerhalb der Gemeinschaft sicher zu haben.
Erschwert wird diese Lebensführung durch Gefühle von Eifersucht und Rachsucht, die dadurch entstehen, dass Menschen, die eigentlich zusammenarbeiten sollen, sich als Konkurrenten um einen begehrten Platz empfinden. Sobald zwei Gruppenmitglieder um einen Platz konkurrieren, kämpfen sie gegeneinander, bis der Sieger feststeht. Deshalb nutzen die Konkurrenten auch jede Gelegenheit, um sich neu zu positionieren. Im Falle von Covid-19 geht es also auch darum, der Öffentlichkeit ein starkes und zuverlässiges Bild zu präsentieren. Wir dürfen nie vergessen, dass es sehr bald Wahlen geben wird und diese Krise in einer Zeit der politischen Profillosigkeit eine sehr gute Gelegenheit darstellt, das eigene Image zu verbessern. Schade dabei ist nur, dass die Bürger auf diese Illusion hereinfallen und sich manipulieren lassen.
Unglücklicherweise gibt es auch immer einen Verlierer, wenn es einen Gewinner gibt, weswegen sich die Atmosphäre niemals entspannt anfühlen kann. Der Sieger hat eventuell ein schlechtes Gewissen, weil er in der Wahl seiner Mittel nicht immer fair geblieben ist, oder er hat sogar Angst vor der möglichen Rache seines Rivalen. Das wird ihn aber nicht davon abhalten, an seinen Methoden festzuhalten, solange er damit erfolgreich ist. Das bedeutet in der heutigen Zeit, dass wir erst sehr spät erfahren werden, dass sich die Situation entspannt hat. Die Verlierer sind in diesem Fall also alle Bürger, auf deren Kosten das Theater gerade gespielt wird, während die Gewinner Politiker und Fachleute sind, die sonst nicht im

Mittelpunkt des Interesses stehen, die aber sicher gerne bereitwillig sind, den Rest der Menschheit von ihrem Wert zu überzeugen.
Die Verlierer aber besitzen mehr Macht als sie selber glauben. Sie können die Pläne und Strategien der Sieger sabotieren, indem sie passiv und aktiv in den Widerstand gehen, sodass es plötzlich keinen Gewinner mehr gibt, sondern nur Verlierer. Aktiver Widerstand äußert sich in diesen Zeiten, dadurch dass Menschen Corona-Partys feiern oder sich weiterhin treffen, während passiver Widerstand sich durch Rückzug bemerkbar macht. Diese Menschen zeigen keine Verantwortung, indem sie sich engagieren, sondern warten darauf, dass andere das Problem lösen. Das Problem der Führung besteht dann darin, dass sie nicht so souverän und erfolgreich wirken, wie sie es gerne hätten. Da hilft es ihnen auch nicht, mit Strafen wie Bußgeldern zu drohen. Sie haben die Menschen, die sie beeindrucken wollen, mit ihrem Machtgehabe verärgert, sodass die ihnen den Gehorsam verweigern. Die Lösung besteht darin, zu erkennen, dass das Vertrauen fehlt. Solange Menschen egoistisch sind und ihre eigenen Interessen durchsetzen wollen, werden sie keinen Erfolg in der Außenwirkung erzielen können. Ein Mensch aber, der keine eigene Absichten hat, wird als vertrauenswürdiger und zuverlässiger Partner erkannt und kann sich deshalb über wachsenden Respekt und mehr Anerkennung freuen. So ein Mensch, braucht allerdings keine Bestätigung mehr aus dem Außen, weil er mit sich selber zufrieden ist. Er muss sich also nicht als großer Macher profilieren, sondern kann sich bescheiden im Hintergrund halten und dort den eigenen Aufgaben nachgehen. Der Fokus sollte nicht immer auf das Problem im Außen ausgerichtet sein, sondern auf die eigenen inneren Werte. Niemand muss einem bestätigen, das man richtig ist wie man ist, wenn man das selber weiß. Solange das aber als Erkenntnis noch nicht im Bewusstsein angekommen ist, versuchen

Menschen sich zu profilieren, um so an Ansehen im Vergleich zu anderen zu gewinnen.
Interessant zu beobachten ist es, dass in China eine Diktatur herrscht, die die Rechte der einzelnen unberücksichtigt lassen, genauso wie es die katholische Kirche immer praktiziert hat und es bis in die heutige Zeit hinein versucht aufrechtzuerhalten. Die Menschen, die auf diese Weise geführt werden, scheinen wie oben beschrieben weniger Verantwortung für das eigene Schicksal übernehmen zu können. In China haben sie sich widerstandlos in ihr Schicksal ergeben und sich wochenlang zurückgezogen, gelobt wird aber die chinesische Regierung für ihr Krisenmanagement. Vielleicht erwarten die Chinesen nichts anderes und können ihr Schicksal einfach annehmen und deshalb tun, was man von ihnen verlangt. Die Italiener dagegen, die viel offensiver Nähe suchen und Gemeinschaft leben, leiden extrem unter Covid-19. Sie scheinen im Widerstand zu sein, ohne zu wissen gegen wen oder was, weil sie nicht wissen, dass sie Nähe brauchen, um sich geborgen zu fühlen. Nimmt man ihnen Wärme, nimmt man ihnen das Leben.
Der Tropfen auf dem heißen Stein lässt das innere Gleichgewicht kippen, sodass man anfälliger für Krankheiten wird. Daraus entsteht ein Stresskreislauf, der sich gegenseitig bedingt und sich schwer wieder unterbrechen lässt.

Der Anfang vom Ende beginnt damit, dass wir Informationen aus der Umgebung empfangen, die wir als Erwartungen interpretieren. Neben der Information, dass da ein Virus aktiv geworden ist, den wir in seiner Wirkung noch nicht einschätzen können, können wir den Aktionismus von Menschen wahrnehmen, die aus unterschiedlicher Motivation heraus, die Initiative ergreifen und uns mit ihren Gedanken und Gefühlen konfrontieren. Plötzlich ist in unserem Bewusstsein nicht nur ein Gedanke, dass ein Virus aufgetaucht ist,

sondern viel Angst vor dem Unbekannten und noch mehr überwältigende Gefühle, die vom Verstand nicht mehr einfach einzuordnen sind. Die Ängste anderer sind zu den eigenen geworden und lösen dabei die eigenen kleinen und großen Dramen aus, die das Gedächtnis passend zu dem aktuellen Geschehen liefern kann. Plötzlich fühlt man nur noch Angst und verunsichert damit wiederum das gesamte Umfeld. Angst macht Selbstsicherheit unmöglich, was das Gefühl der Abhängigkeit weiter verstärkt und so groß wird, dass man sich nach einem starken Partner sehnt. Diese Tatsache wird von Machtmenschen gerne ausgenutzt, um davon persönlich zu profitieren. Der Profit besteht oft nicht aus materiellem Erfolg, sondern eher um Prestige und Image. Dafür muss man täglich die eigene Angst besiegen.
Das Image eines Menschen ist die Rolle, die man lebt, um sich damit im täglichen Konkurrenzkampf durchsetzen zu können. Dabei geht es im Endeffekt nur um eine Fassade, die man angestrengt aufrechterhalten muss, weil niemand die dahinter versteckte Selbstunsicherheit wahrnehmen kann. Instinktiv ist es für das Überleben wichtig, dass andere Gruppemitglieder eine Schwäche nicht registrieren können, weil uns das Vertrauen zueinander fehlt, dass eine Schwäche von anderen nicht ausgenutzt wird. In den von uns gelebten Rollen erschaffen wir entweder eine Illusion der Schwäche oder der Stärke und kommunizieren damit entweder die Botschaft: Ich bin keine Gefahr“ oder „Ich bin der Stärkere“. Die Botschaften, so unterschiedlich sie sind, erschaffen beide Distanz zueinander und dienen damit den eigenen Schutz. Schwächere Gruppenmitglieder, die keine Gefahr im täglichen Konkurrenzkampf darstellen, werden meistens geschont, während die Menschen, die gleich stark scheinen, erbittert bekämpft werden. Um sich relativ sicher zu fühlen, muss man den Anschein von großer Stärke oder

Schwäche abgeben, weil das die Extreme sind, in denen man von den anderen in Ruhe gelassen wird.
Der Stress des täglichen Existenzkampfes, angetrieben von einer enormen Existenzangst, frustriert die Menschen, weil der ersehnte Erfolg ausbleibt. Selbst wenn man sich erfolgreich durchgesetzt hat, bleibt die Zufriedenheit aus, weil man niemanden hat, der sich mit einem freut oder den Erfolg sogar mit einem teilt. Auch die Erkenntnis, dass andere eifersüchtig sind und einem den Erfolg nicht gönnen, verunsichert Menschen nachhaltig, genauso wie die Einsicht, dass man in der Wahl der Mittel auf Kosten anderer gelebt hat. Daraus resultieren Schuld- und Schamgefühle, die es einem schwer machen, rücksichtslos weiterzumachen. Covid-19 verstärkt den Druck noch mehr, weil der zusätzliche Stress eine weitere Belastung darstellt, in einer Situation, in der man auch in scheinbar ruhigeren Zeiten nicht mehr weiß, wie man sich richtig verhält, weil man immer wieder die Erfahrung macht, dass irgendeiner immer nicht zufrieden ist, im schlimmsten Fall man selber.
Diejenigen, die sich aus Hilflosigkeit zurückhalten, machen die gleichen Erfahrungen. Sie hoffen immer darauf, Menschen zu finden, die sich um sie kümmern und Rücksicht auf sie nehmen. Solange sie jung und niedlich sind, ist es noch leichter, solche Verbündete zu finden, je älter und unscheinbarer man aber wird, desto schwerer ist es. Man bewertet die eigene Passivität gerne als Bescheidenheit, dabei ist es nur fehlende Durchsetzungskraft und eine Ausrichtung sich im Leben auf andere verlassen zu wollen.
Sowohl die sogenannten Täter als auch die scheinbar so bescheidenen Opfer sind mit sich und dem eigenen Leben nicht zufrieden. Sie leiden beide unter einem frühzeitigen Verlust des Vertrauens, sowohl in die eigene Stärke als auch in die Zuverlässigkeit anderer Menschen. Ihre Aufgabe besteht darin, im Laufe ihres Lebens zu lernen, auf sich selber zu vertrauen, weil alles in jedem von uns

vorhanden ist, was man für ein eigenbestimmtes Leben benötigt. Da wir aus Bequemlichkeit uns freiwillig niemals aus unserer Komfortzone bewegen würden, leben wir lieber in Unzufriedenheit in abhängigen Partnerschaften als neue Wege zu gehen. Ohne das Vertrauen in die eigenen Fähigkeiten und die damit verbundene Leistungsfähigkeit fällt es Menschen unendlich schwer, Veränderungen vorzunehmen.
In Krisenzeiten aber ist jeder Mensch, ähnlich wie im 2. Weltkrieg, irgendwie am Geschehen beteiligt, weil wir alle von Corona betroffen sind. Dabei leiden wir nicht nur unter den körperlichen Folgen, die eine Infektionskrankheit auslöst, sondern in viel größerem Maß unter einer Vielzahl an Ängsten, die nicht nur mit der Angst vor Krankheit, sondern auch mit Kontrollverlust, Existenz, Sicherheit, Bevormundung, Isolation und vielen anderen zu tun haben. In jedem von uns wird die Angst reaktiviert, die man in dem Moment empfunden hat, in dem man das Urvertrauen verloren hat. Dafür ist das Kind, um das sich keiner gekümmert hat, als es vom Fahrrad gefallen ist und sich verletzt hat, ein gutes Beispiel, weil es im weiteren Leben immer wenn es Schmerzen hat, wieder das Gefühl der Einsamkeit und der eigenen Wertlosigkeit empfindet. Nach einer solchen Erfahrung hat ein Mensch das Vertrauen darauf verloren, mit Schmerzen umgehen zu können. Gleichzeitig kann er nicht mehr darauf vertrauen, dass sich immer eine Bindungsperson findet, die einem in schweren Momenten besteht. Die eigentliche Erfahrung besteht darin, sich selber begegnet zu sein, und das nicht in einem Moment der Stärke, sondern der Hilflosigkeit und Ohnmacht. Hinter jedem oberflächlichen Reiz, wie es im Moment Covid-19 darstellt, versteckt sich immer die Angst, sich wieder hilflos der Gefahr ausgesetzt zu fühlen, den Verlust an Sicherheit mit allen dazugehörigen, aber kaum auszuhaltenden Emotionen, wiedererleben zu müssen. Die Überlebensstrategie besteht dann

darin, Situationen zu vermeiden oder so zu gestalten, dass man die Gefahr verhindern versucht. Diese Art von Lebensführung lässt Entwicklung und vor allem vertrauensvolle Zusammenarbeit nicht zu, weil jeder sich nur darauf konzentriert den eigenen Wohlfühlbereich zu beschützen. Der Egoismus wird von anderen wahrgenommen und als Bedrohung empfunden, sodass die Menschen sich immer weiter voneinander entfernen. Gleichzeitig aber wächst die Sehnsucht danach, anderen zu begegnen und ein gleichberechtigtes Mitglied der Gemeinschaft zu sein.
In Zeiten, in denen ein Virus uns alle bedroht, und alle gleichzeitig ihren individuellen Ängsten begegnen, liegt eine Riesenchance zueinander zu finden, weil wir feststellen, dass wir alle gleich sind. Der Stress gibt uns die einmalige Chance, zu uns zurückzufinden, um dann innerlich gestärkt anderen Menschen begegnen zu können. Dann wären wir nicht mehr von der Anerkennung anderer abhängig, sondern wären mit uns selber zufrieden.
Solange ein Mensch, sich aber des eigenen Verlustes nicht bewusst geworden sind, laufen die Vermeidungsstrategien automatisch ab, und verhindern damit eine zufriedene und selbstbestimmte Lebensführung. Corona aktiviert die unbewussten Ängste und reißt uns alle aus der eigenen Komfortzone, in der wir uns zwar relativ sicher fühlen, weil wir Begegnungen mit anderen vermeiden, aber niemals zufrieden sind.
Wenn wir den Stress, den Covid-19 auslöst, richtig nutzen, haben wir die Chance auf die beste Veränderung, die wir uns wahrscheinlich noch nicht einmal richtig vorstellen können.

Solange Viren aber als Auslöser reichen, die jederzeit vorhandene Kampf- und Fluchtbereitschaft auszulösen, erleben Menschen sich nicht als Einheit. Anstelle von Harmonie und Frieden erleben sie sich als Gegner, Konkurrenten oder im besten Fall als Verbündete, aber niemals als Partner, Freunde oder Geliebte. Dieser global wirkende Stress deckt den Egoismus unseres Verhaltens schonungslos auf und gibt uns damit einen direkten Ein – und Ausblick auf unsere Fehler, die in erster in Egoismus liegen.

- Stress verursacht ein schlechtes Selbstwert, was dadurch entsteht, dass man sich hilflos und schwach fühlt.
- Schwäche löst Angst aus, weil man auf jeden Stress wiederum mit Hilflosigkeit reagiert.
- Angst löst Aktionismus aus, der einen vor Gefahren schützen soll.
- Egoistisches Kampf- und Fluchtverhalten führt zur Unzufriedenheit aller.
- Unzufriedenheit führt zu Isolation und Einsamkeit, weil man das Vertrauen verloren hat

Jeder Mensch kann diesen Kreislauf jederzeit durchbrechen. Dafür reicht es nicht den Stress zu verhindern, da das Mittel der Vermeidung schon sehr oft praktiziert wurde, allerdings ohne Erfolg. Deshalb wäre es eine gute Idee, eine neue Form von Veränderungsarbeit zu versuchen, die darin besteht, vor einem unsichtbaren Feind nicht wegzurennen oder ihn zu bekämpfen, sondern sich selber zu heilen, damit die tote Materie, die ein Virus darstellt, keinen Nährboden mehr findet.
Dafür hat man die Möglichkeit, das eigene Selbstwert zu stärken, wofür man sich aus der Abhängigkeit anderer lösen muss. Daraus würde der nötige Raum entstehen, Werte und Bedürfnisse zu entwickeln, hinter denen man selber mit Überzeugung steht und auf deren Umsetzung mit Zufriedenheit reagieren kann. Man lernt dann auf sich selber zu vertrauen, was die Zukunft sicherer erscheinen lässt, weil man immer alles bei sich hat, was man braucht, um das

Leben zu gestalten und sich nicht mehr von anderen Menschen abhängig machen zu müssen. Wenn man auf sich selber vertrauen kann, lebt man nicht mehr auf Kosten anderer, was zur allgemeinen Beruhigung und Harmonisierung beitragen würde. Eine eigenverantwortliche und selbstbestimmte Lebensführung entlässt die Beziehungspartner aus der Verantwortung, sich um den anderen kümmern zu müssen, wodurch jeder genügend Zeit, Raum und Kraft hat, das eigene Leben in die Hand zu nehmen und nicht mehr von der Aufmerksamkeit anderer abhängig zu sein.
Als Folge daraus, würden Menschen aufhören können, große Dramen zu erschaffen, unter denen andere dann zu leiden haben.

Menschen reagieren unterschiedlich auf Stress

Im Fall von Covid-19 teilen sich alle Menschen einen gemeinsamen Stress, die Reaktionen darauf aber sind sehr unterschiedlich. Je nach Charakter und Temperament werden unterschiedliche Verhaltensweisen und Reaktionen gezeigt, was nicht nur aufgrund der unterschiedlichen Erfahrungen zu erklären ist, weil die gemeinsame Basis aller Erlebnisse immer die Angst vor einer Wiederholung ist. Stressoren übernehmen die Aufgabe, wie ein Stachel zu wirken und dadurch Erinnerungen zu reaktivieren, die wir am liebsten vergessen würden. Um Situationen und neue Erfahrungen adäquat beherrschen zu können, nutzen wir unsere angeborenen Fähigkeiten und Talente. Da diese von Anfang an zu uns gehören und automatisch genutzt werden, entsprechen sie dem Charakter eines Menschen, und damit dem, was im außen wahrgenommen wird. Es ist eine altbekannte Tatsache, dass in unruhigen Zeiten der wahre Charakter eines Menschen sichtbar wird, weil die Angst größer ist als die Vorteile einer gesellschaftstauglichen,

angepassten Fassade. Deshalb kann man in Krisenzeiten positiv überrascht werden von der Besonnenheit und Ruhe, die manche Menschen ausstrahlen und damit beruhigend auf andere einwirken, aber auch vom Gegenteil überzeugt werden. Solange Menschen von ihrem Unterbewusstsein gesteuert werden, handeln sie niemals im Interesse aller, sondern versuchen sich persönlich einen Vorteil zu verschaffen.
So konnte man jetzt erfahren, dass der amerikanische Präsident Donald Trump seinen Großvater während der Spanischen Grippe verloren hat. Da der Mann allerdings sehr vermögend gewesen ist, und kurz vor seinem Tod, sein gesamtes Vermögen Trumps Vater vererbt hat, hatte der Glück im Unglück. Er konnte zum richtigen Zeitpunkt viel Geld in Immobilien investieren, die danach rasant an Wert zugenommen haben. Donald Trump hat also einen für ihn wichtigen Zusammenhang herstellen können, zwischen großen Krisen, bei denen sehr viel Menschen sterben können und seinem persönlichen Vorteil. Er verbindet Reichtum mit Tod und handelt in der heutigen Krise entsprechend. Sein Augenmerk ist ausschließlich auf die wirtschaftliche und finanzielle Stärke Amerikas ausgerichtet und nicht auf die Gesundheit seiner Mitbürger. Deshalb hat er nicht in der angemessenen Zeit reagiert und entsprechende Schutzmaßnahmen aktiviert, sondern den Anlass genutzt, um den Handel und Austausch mit Europa stark einzuschränken, um seiner Ansicht nach, die eigene Wirtschaft zu stärken, um dadurch eine eventuelle Wiederwahl möglich zu machen. Sein Verhalten ist aber kontraproduktiv für das Gemeinwohl, weil vor allem in den Metropolen wie New York viel zu viele Menschen an einem viel zu kleinen Ort miteinander leben und der Virus sich dort viel zu lange ungehemmt ausbreiten konnte, unter anderem deshalb, weil der Verantwortliche das eigentliche Thema nicht erkannt hat.

Diese Geschichte ist nur eine der vielen Möglichkeiten, an denen man erkennen kann, dass Menschen selten bewusst handeln, sondern nur automatisiert und konditioniert. Sobald sie einen Erfolg mit einer Verhaltensweise verzeichnen konnten, haben sie dieses Muster niemals mehr aufgegeben. Der Erfolg besteht jeweils darin, die eigene Angst zu beherrschen, indem man einen persönlichen Vorteil aus der Situation herausgezogen hat, der darin liegen kann, sich als Retter zu profilieren, als großer Macher, der alles kontrollieren und absichern kann, als Möglichkeit, Atemschutzmasken und Schutzanzüge für horrendes Geld zu verkaufen, aber auch darin, sich endlich zurückziehen zu dürfen, ohne sich dafür erklären zu müssen. Man kann 7 verschiedene Charaktertypen unterscheiden, die alle den gleichen Versuch unternehmen, sich persönlich zu schützen, dafür aber sehr unterschiedliche Wege einschlagen. So konzentrieren sich alle nur darauf, dass jeweils Beste aus der Krise zu ziehen. Haben sie ihren persönlichen Erfolg erzielt, wie zum Beispiel das Hamstern von Desinfektionsmitteln, Toilettenpapier oder Atemmasken, dann sind sie mit sich soweit zufrieden, dass sie sich beruhigt zurückziehen können. Der Erfolg des Hamsterns besteht dann nur darin, etwas sicher zu haben, was andere nicht mehr haben können und man so zum Gewinner geworden ist. Die Menschen, die größere Ziele und Ambitionen haben, geben den Kampf nicht so schnell auf, und verbreiten deshalb weiter Schreckensmeldungen, um mit der Umsetzung ihrer Interessen weitermachen zu können, bis sie endlich ihr großes persönliches Ziel erreichen können. Am Beispiel von dem amerikanischen Präsidenten allerdings kann man beobachten, dass er sich von einer bisher sehr wahrscheinlichen Wiederwahl immer weiter entfernt, weil die Menschen seine Unfähigkeit erkennen, sich auf die für das Allgemeinwohl wichtigen Fakten zu konzentrieren.

Ich möchte mit der Beschreibung der unterschiedlichen Menschentypen beim „Machtmenschen" anfangen. Die haben von der Natur Entschlossenheit, natürliche Führungsqualitäten, Positivität, Antrieb, Stärke, Wille, Furchtlosigkeit und Durchhaltevermögen geschenkt bekommen.
Solche Qualitäten ermöglichen einem Menschen viele Möglichkeiten, aktiv für sich und die eigenen Bedürfnisse und Sehnsüchte einzutreten. Solange sie allerdings sich der eigenen Wünsche nicht bewusst geworden sind, nutzen sie ihre Stärken, um die Erwartungen anderer erfolgreich umzusetzen.
Deshalb versucht ein kleiner Junge, der seinen Willen gut einsetzen kann, um sich mit dessen Hilfe optimal darauf vorzubereiten, auf den Gebieten erfolgreich zu sein, wo der Vater es entweder auch war oder es gerne gewesen wäre.
Genauso versucht das kleine Mädchen ihrer Mutter zu gefallen, und zwingt sich entschlossen in die Rolle, die man für es vorgesehen hat. So bleibt keinem die freie Entscheidung, wofür man seinen Mut und sein Durchhaltevermögen lieber einsetzen würde. Daraus entwickeln sich Menschen, die zwar sehr erfolgreich erscheinen können, dabei aber immer wieder die Erfahrung machen, dass andere Menschen von ihrer Antriebsstärke profitieren können und wollen, niemand sich aber für den Menschen dahinter interessiert, der eigenen Wünsche und Bedürfnisse versteckt.
Da Machtmenschen sich ausschließlich auf den Erfolg konzentrieren und diesen auch immer in der erwarteten Form erreichen, zeigen sie wenig Verständnis für Menschen, die weniger Entschlossenheit und Stärke zeigen und deshalb weniger erfolgreich erscheinen.
Sie zeigen oftmals ein ehrgeiziges und arrogantes Verhalten, weil sie nicht erkennen können, dass sie nur Talente nutzen, für die sie nichts tun, sondern sie einfach nur nutzen müssen. Das stellt im eigentlichen Sinn keine wirkliche Leistung dar, weil es ihnen leicht

fällt diszipliniert die Durchsetzung eines Ziels zu verfolgen. Die eigentliche Leistung im Leben besteht darin, ein eigenes Ziel umzusetzen, das nicht von der Gesellschaft vorgegeben wurde, sondern ganz neu in einem selber als wahre Lösung gewachsen ist. Anstelle von Ehrgeiz, Arroganz, Ungeduld, Verwirrung, Starrheit, Stolz, Hass und fehlender Fürsorge füreinander, die alle entstehen, weil man andere Menschen als minderwertig bewertet, die anders sind als man selber, können Stärke und Mut treten, sich als freier Mensch zu präsentieren, der nicht von der Meinung anderer abhängig ist.
Um den Eindruck ein freier Mensch zu sein, auf andere glaubhaft übertragen zu können, ist eine Ausstrahlung von Ungeduld und Stolz sehr kontraproduktiv. Diejenigen, die so ein Verhalten zu spüren bekommen, wird der Eindruck vermittelt, falsch zu sein, was bei ihnen zu Stress und Ängsten führt, die entweder mit Rückzug oder mit Kampf beantwortet werden.
Um Menschen aber von den Ideen von Freiheit, Gerechtigkeit, Freude, Schönheit und Güte zu begeistern, brauchen wir mutige Menschen, die die bewusste Entscheidung getroffen haben, dass sie ihre alten Gewohnheiten, Ängste, Vorurteile und Bewertungen loslassen wollen.
Die Menschheit braucht Menschen mit den Eigenschaften von „Wille und Macht“, weil nur diejenigen, die genügend Mut besitzen, etwas Altes zu zerstören, damit der notwendige Raum für neues Denken, Fühlen und Handeln entstehen kann, die Kraft haben werden, diese Entwicklung voranzubringen.
Um andere auf diesem Weg mitzunehmen, hilft die Ausstrahlung von Sanftheit, Bescheidenheit, Sympathie, Toleranz und Geduld. Sobald ein Machtmensch erkennt, dass er nur oberflächliche Erfolge erzielt, die nicht zur inneren Zufriedenheit führen, wird der Weg frei für wichtige Veränderungsprozesse. Die Einsicht, dass ein Leben, das auf

die Zufriedenheit der Umgebung ausgerichtet ist, niemals zur eigenen führen kann, ist der erste wichtige Schritt dafür. Der zweite Schritt besteht darin, dass jeder Mensch das Recht auf ein eigenes Leben hat und man niemanden auf seinem Weg dahin bewerten, kritisieren oder einschränken darf.
Deshalb ist es für den möglichen Weg der Veränderung so elementar wichtig, dass wir ihn mit Geduld, Bescheidenheit und Sanftmut gehen. Solange wir mögliche Konkurrenten aus dem Weg räumen wollen, um weiterhin für oberflächliche Sicherheit zu sorgen, sorgt das für andauernde Verunsicherung, weil man die Motivationen der Beziehungspartner entweder nicht erkennen oder nicht verstehen kann. Wir Menschen müssen aufhören, uns als Gegner wahrzunehmen und einander zu bekämpfen, nur weil die Mitmenschen nicht unseren Erwartungen entsprechen und damit als Hindernisse oder Widerstände empfunden werden, das zu tun, was man von uns erwartet.
Als Beispiel für den Machtmenschen möchte ich von einem Mann in mittleren Jahren erzählen, der sich für eine Familie mit 2 Kindern und eine Partnerin verantwortlich fühlt. In Corona-Zeiten ist er plötzlich neuen Gefahren ausgesetzt, die er weder einschätzen noch beherrschen kann. Besondern in den Momenten, in denen er seinen kleinen Sohn trägt, wird ihm sein Unvermögen bewusst, seine Familie zu beschützen. Sein System zeigt ihm das in ihm gärende Gefühl von Schuld, seiner Aufgabe nicht gewachsen zu sein, durch starke Rückenschmerzen. Es gibt einen engen Zusammenhang zwischen dem Wurzel-Chakra, dass den Organismus energetisch in die Lage versetzt, sich aktiv zu wehren einem Gefühl der Angst, dem Leben nicht gewachsen zu sein und es nicht kontrollieren zu können. Gerät das System aus dem Gleichgewicht zwischen „Ich muss den Erwartungen entsprechen, um überleben zu können“ und „Ich kann das tun, und erwarte, dass mich das retten wird“, kann man mit den

erlernten Mustern nicht mehr weitermachen. Dann besteht die Chance den Unterschied zwischen dem persönlichen Willen und dem göttlichen Willen zu erkennen. Während der persönliche Wille egoistische Zwecke erfüllen will, wird das Leben durch den Ausdruck des göttlichen Willens für alle schöner, freudiger, freier, gerechter und gütiger.

Ein anderer Menschentyp kann, ebenfalls wunderbare Charaktereigenschaften, wie Verständnis, Mitgefühl, Geduld, Beharrlichkeit, Fröhlichkeit, Vertrauen und Intellekt nutzen und nutzt diese, um den eigenen persönlichen Erfolg möglich zu machen. Wie kann man einem Menschen wiederstehen, der so viel Verständnis für die Nöte und Befindlichkeiten eines anderen zeigt, dabei so intelligent und fröhlich ist und dann einem auch noch das Vertrauen schenkt, die Zeit mit einem zu teilen? Man scheint von den Eigenschaften zu profitieren und nimmt diese gerne dankbar entgegen. Die Stimmung kann aber sehr schnell aus dem Gleichgewicht geraten, wenn einer der Partner die unausgesprochenen Spielregeln nicht mehr beachtet, und der verständnisvollen und mitfühlenden Kontaktperson die Anerkennung nicht zuteil werden lässt, die sie sich verdient zu haben glaubt, weil sie doch immer so vertrauenswürdig ist. Deshalb fühlen sich die Menschen enttäuscht und verletzt, weil sie sich als großzügig gebend wahrnehmen und Gegenreaktionen erleben müssen, die sie so nicht erwartet hätten.
Gerade diejenigen, die freigiebig ihre Gefühle mit anderen teilen, sind gleichzeitig leicht durch emotionalen Missbrauch zu verletzen, weil andere gerne ihr Verständnis und Mitgefühl nehmen, aber das gleiche nicht zurückgeben. Menschen, die den Schwerpunkt in der Beziehungsarbeit auf liebevolles und verständnisvolles Miteinander legen, fühlen sich natürlich schnell verletzt, wenn sie das was sie als

besonders wertvoll empfinden nicht zu ihnen zurückkommt. Sie reagieren sehr überempfindlich darauf, empfinden da Verhalten ihrer Beziehungspartner als gleichgültig und ziehen sich voll Selbstmitleid in sich selber zurück.
Dazu fällt mir als Beispiel eine Frau in mittleren Jahren ein, die die Güte und Freundlichkeit in Person ist, immer verständnisvoll und voll Geduld. Sie fühlt sich seit vielen Jahren von vielen ihrer Mitmenschen ausgenutzt, und ist deshalb, während der Corona-Krise bereitwillig in den Rückzug in die Privatsphäre gegangen. In dem Moment, indem zu dem normalen Stress noch die weiteren durch Corona ausgelösten Stressfaktoren dazukommen, und damit zur Überforderung werden. Da die Frau unter ihren verletzten Gefühlen leidet, nimmt sie die Chance zum Rückzug wahr, um sich so vor weiteren Enttäuschungen zu bewahren.
Dieser Menschentyp muss lernen, dass man von den Mitmenschen nichts erwarten kann und vor allem soll, weil alles was man gibt, freiwillig geschehen soll. Gibt man aus Liebe, echtem Mitgefühl und reiner Selbstlosigkeit, können die anderen es dankbar als Geschenk nehmen und nicht als Angebot für das sie mit einer Gegenleistung bezahlen müssen.

Andere wiederum haben einen klaren Intellekt, geschäftlichen Scharfsinn, Anpassungsfähigkeit, Aufrichtigkeit, Geduld und können gut voraussehen und planen. Sie nutzen diese Qualitäten dazu, sich in der Welt zurechtzufinden und sich optimal an die Erwartungen anderer anzupassen. Dafür analysieren sie die Pläne und Ideen anderer, um sich optimal darauf einzustellen und die eigenen Pläne denen der anderen anzupassen. Diese intelligenten Menschen schaffen es relativ leicht, sich kreativ an neue Bedingungen anzupassen und dabei den Anschein zu erwecken, aufrichtig an der Umsetzung interessiert zu sein.

Erst wenn sie verletzende Erfahrungen damit machen, dass sie dafür nicht den gewünschten und erwarteten Erfolg verzeichnen können, flüchten sie sich gerne in oberflächlichen Materialismus und zeigen den Mitmenschen ihre kritische Einstellung ihnen gegenüber auch durch eine gewisse Kälte im Umgang miteinander.
Auf diese Weise spüren Menschen Kälte anstelle der erhofften Wärme, was sich räumlich als Distanz wahrnehmen lässt. Wiederum verursachen Enttäuschungen von verletzten Gefühlen und Hoffnungen, dass Menschen sich voneinander entfernen. Sie waren von Anfang an motiviert den anderen zu gefallen und haben dafür eigene Ideen und Pläne aufgegeben. Bleibt die erhoffte Gegenleistung in Form von Anerkennung, Sympathie, Liebe oder Toleranz aus, zieht sich der Mensch aus dem Beziehungsaufbau zurück und zeigt anderen die kalte Schulter.
Dieser Menschentyp soll in Zeiten der Krise lernen, dass es nicht die anderen sind, die etwas falsch machen, sondern man selber, weil man sich abhängig vom Denken, Fühlen und Handeln anderer macht. Man wurde niemals von jemanden dazu gezwungen, sich den Erwartungen und Plänen anderer anzupassen, sondern hat diese Entscheidung aus dem Gefühl der eigenen Schwäche heraus selber getroffen. Die Beziehungspartner müssen von der Freiwilligkeit der Entscheidung überzeugt sein, und reagieren mit Verwirrung auf Kritik und gezeigte Kälte ihres abhängigen Partners, weil sie davon ausgehen, dass diese motiviert und freiwillig mitarbeiten. Der Erfolg einer jeden Gruppenarbeit hängt von dem Einsatz und der Kreativität der einzelnen Mitglieder ab. Ist nur ein Mitglied passiv, funktioniert die Zusammenarbeit nicht mehr, wodurch die Unzufriedenheit ansteigt und die Produktivität der Gruppe abnimmt.
Dieser Typ Mensch zieht sich in der Corona-Zeit ebenfalls zurück. Da er sich als abhängig empfindet, lässt er die Verantwortlichen

regieren, ohne sich innerlich verpflichtet oder verantwortlich zu fühlen, aktiv für das Allgemeinwohl mitzuarbeiten.
Sie sollten lernen, dass es auf jeden einzelnen ankommt, dass er mit Sympathie, Hingabe, Toleranz und gesundem Menschenverstand Verantwortung übernimmt, und sich nicht ausschließlich auf andere Menschen verlässt, um die dann bei einem Misserfolg zu kritisieren und sie mit dem Zeigen von Kälte für ihr Versagen zu bestrafen. Eine Gesellschaft kann aber nur als Einheit funktionieren, wenn alle Beteiligten sich auf Augenhöhe treffen und alle einen aktiven und verantwortlichen Beitrag leisten.

Dann gibt es Menschen, denen Harmonie in einer Gemeinschaft besonders wichtig ist.
Sie sind sehr empfindsam, zeigen starke Gefühle und wertschätzen alles Schöne, wobei Schönheit immer im Auge des Betrachters liegt.
Die Stärken dieser Menschen liegen in ihrer intuitiven Wahrnehmung, physischem Mut, Hingabe und einer ausgeprägten künstlerischen Kreativität, die sie nutzen, um die Welt zu einem schönen Ort nach ihren Vorstellungen zu machen.
Ihre starke Empfindsamkeit aber macht sie gleichzeitig offen und verletzlich für Energien, die sie in ihrer Harmonie stören. Das kann ausgelöst werden durch Erinnerungen an Erfahrungen, die von starken Emotionen begleitet wurden, aber auch durch Fremdeinflüsse von außen. Dabei registriert man Eindrücke, die das innere Gleichgewicht stören und mit dem vorhandenen Harmoniebedürfnis nicht vereinbar sind. Bestenfalls kann man zwar den Auslöser des entstandenen Konflikts ausfindig machen, aber es gelingt einem nie die Kontrolle zu behalten, weil die Beziehungspartner eigene Vorstellungen von einer schönen Welt haben.

Die daraus entstehende Unsicherheit führt in manchen Fällen zu impulsiven, emotional bedingten Überreaktionen, die zu massiven Gegenreaktionen bei den Beziehungspartnern führen, die sich entweder zurückziehen aus Mangel an Zivilcourage oder ebenfalls mit impulsiven Überreaktionen antworten.
Andere Menschen nutzen ihren enormen physischen Mut und viel Hingabe, für den Versuch, andere zu überzeugen. Sie werden von der Motivation angetrieben, ihre Wertvorstellungen vom Leben auf andere zu übertragen, um den Zustand der Harmonie wiederherzustellen.
Im Laufe des Lebens muss man immer wieder Konflikte mit den Mitmenschenaushalten, was das individuelle Bedürfnis nach Harmonie und Frieden noch mehr verstärkt.
Gleichzeitig macht man aber viele Erfahrungen mit der Rücksichtslosigkeit und dem Egoismus von Menschen, die sich mit allen Mitteln für ihre Ziele durchzusetzen versuchen. Dabei verlieren sie das Vertrauen in die guten Absichten anderer und damit in die ihrer Zuverlässigkeit. Selbst wenn man die Ziele mit ihnen teilen kann, erlebt man den Versuch, sich auch im Notfall gegen die Interessen anderer durchzusetzen, als belastend. Hat man einmal schlechte Erfahrungen damit gemacht, reagiert man einerseits mit Unzufriedenheit und Instabilität und andererseits mit Impulsivität und Überreaktion. Eine weitere mögliche Reaktion als Resultat auf schlechte Erfahrungen mit Menschen, die einem ihre Vorstellungen und Erwartungen aufdrücken möchten, könnte der eigene Unwille sein, das gleiche Verhalten anderen gegenüber zu zeigen, weil man die negativen Folgen selber kennengelernt hat.
Das eigentliche Problem besteht darin, dass wir Menschen noch nicht verstanden haben, wie man eine harmonische Welt erschaffen kann. Anstatt selber damit anzufangen, andere Menschen ihrer Lebensführung in Ruhe zu lassen, reiben sie sich und andere damit

auf, in deren Leben eingreifen zu wollen. Damit werden Konflikte erschafft, die das Gruppenleben immens belasten und den Zustand der Harmonie immer mehr in den Hintergrund schiebt.

Während der Corona-Krise findet man Menschen, die ihre ganze Aufmerksamkeit darauf ausrichten, die Einhaltung aller Regeln in den Vordergrund zu stellen, als ob das Pärchen, dass in der Sonne sitzt und einen Kaffee trinkt, eine Gefahr für die Volksgesundheit darstellen würde. Man kann davon ausgehen, dass sich die jungen Menschen zu Hause wesentlich näherkommen als in der Öffentlichkeit auf einer Bank. Durch dieses Vorgehen werden Konflikte erschafft, die den Frieden noch weiter stören und damit Menschen den Zugang zu ihrer inneren Harmonie noch weiter versperren. Für die eigene Zufriedenheit wäre es für den einzelnen besser, wenn sie freiwillig motiviert mitarbeiten würden, anstatt mit der eigenen Impulsivität auf solche Außenreize zu reagieren. Jeder Konflikt stört die innere Harmonie und führt in der Summe irgendwann zu Störungen im System.
Anstatt Optimismus zu verbreiten, wird zusätzlicher Stress in Form von Panik geschürt, was Menschen anfällig für Krankheiten werden lässt. Ob sich dahinter persönliche Interessen verstecken, die aus der momentanen Krise, einen persönlichen Gewinn ziehen, und in ihren Absichten darauf abzielen, diesen Zustand noch lange zu erhalten, ist natürlich nicht zu beweisen. Aber man kann Beobachtungen machen, die deutlich darauf hinweisen. Da gibt es Menschen, die ihre Karriere vorantreiben wollen und sich deshalb als Vorzeigepolitiker darstellen, Virologen, die endlich mal im Mittelpunkt des Interesses stehen, Unternehmen, die Produkte herstellen und verkaufen, die in Zeiten der Isolation und der Angst sehr viele Menschen benötigen und deshalb bereit sind, viel Geld zu investieren und es gibt die Pharmaindustrie. Es ist schon lange kein Geheimnis, dass die

Pharmaunternehmen die größte Lobby überall auf der Welt repräsentiert. Ihr Erfolg ist eigentlich immer auf dem Unglück anderer aufgebaut. Um ihre Gewinne zu maximieren, bekämpfen sie seit vielen Jahren alle nicht toxischen Mittel, die der Gesundheit dienen können, mit der Begründung, dass alternative Mittel eine Gefahr darstellen oder keinerlei Wirkung hätten. Da kann man sich die Frage stellen, wie Mittel, die keine Wirkung haben, zur Gefahr werden können?

Fakt ist, dass diese Unternehmen versuchen, ihre in aufwendigen Forschungen entwickelten Medikamente, für viel Geld zu verkaufen, und dabei wenig Interesse daran haben, dass es Alternativen gibt. Ihre Lieblingsvorstellung würde es entsprechen, wenn sich alle Menschen gegen die schon bekannten Viren impfen lassen würden für die man schon Impfstoffe besitzt. Mit jeder Impfung verliert ein Organismus etwas mehr von seiner Möglichkeit, eine Immunität aufzubauen und deswegen im täglichen Überlebenskampf immer schwächer und angreifbarer wird. Diejenigen, die sich gegen diese Art von Bevormundung und dem Eingriff in ihr Recht auf Selbstbestimmung zur Wehr setzen, werden durch Stimmungsmache in der breiten Öffentlichkeit an den Pranger gestellt, bis sie sich dem Druck beugen. Geschieht das nicht, wird die Impfpflicht eingeführt mit Argumenten, die einen Eingriff in die Grundrechte bedeuten. Aber damit ist die Einflussnahme offenbar noch nicht beendet.
Ob Covid-19 künstlich hergestellt wurde, wie ein Wissenschaftler am Anfang behauptet hat, oder tatsächlich eine Laune der Natur ist, hat im Wesentlichen keine Bedeutung mehr, weil wir uns jetzt mit den Konsequenzen auseinandersetzen müssen. Fakt ist, dass der Bürger im Unklaren gehalten wird und bis auf reichliche Verbreitung von Zahlen, die Infektion – und Todesrate betreffend, nicht informiert werden. Man sollte sich die Fragen stellen, wer von der Krise

profitiert, weil die Menschen überall auf der Welt, die jetzt in Isolation leben müssen und dabei Angst vor dem Verlust der finanziellen Existenz haben, sind es auf keinen Fall.
Jede Maßnahme, die den Virus daran hindert sich auszubreiten, ist sinnvoll, solange man ihn nicht beherrschen kann. Wenn er aber in seinen Folgen zu kontrollieren ist, könnte er sich schnell ausbreiten, wodurch es zu einer Immunität der Menschen käme. So hat man es zum Beispiel immer bei Windpockeninfektionen gehalten. Kranke Kinder wurden mit gesunden zusammengebracht, damit nach überstandener Krankheit, alle eine langanhaltende Immunität hatten. Wir könnten mit Covid-19 genauso verfahren, und ihn so unschädlich machen, wenn man uns nicht die geeigneten, nicht toxischen Medikamente vorenthalten würde. Anstatt jetzt Menschen zu helfen, die Krankheit in wenigen Tagen zu besiegen, werden sie mit herkömmlichen Mitteln, die Fieber senken, Entzündungen eindämmen und Schmerzen lindern sollen, behandelt. Jedes Mittel aber wirkt auf den gesamten Organismus und verändert etwas an den bei gesunden Menschen vorhandenen Selbstheilungskräften.
Es gab immer wieder Aussagen von Fachleuten, die auf diese Fakten hingewiesen haben, die aber mundtot gemacht wurden.
Mediziner haben schon festgestellt, dass es ein Antimalariamittel gibt, dass sehr wirkungsvoll bei Covid-19 eingesetzt werden kann. Dr.med.Klinghardt aus den Vereinigten Staaten hatte bis zu Veröffentlichung, das Mittel bei 20 schwerkranken Patienten eingesetzt, die alle nach 4-5 Tagen geheilt waren. Natürlich entspricht die Anzahl nicht den Bedingungen einer empirischen Studie, ist aber trotzdem aussagekräftig. Aber, anstatt diese Chance zu nutzen, wird es in Europa aus dem Behandlungsangebot herausgenommen, wie auch andere, nicht toxische, Möglichkeiten, Haut und Schleimhäute zu versiegeln, damit die Viren gar nicht erst ins System gelangen können. Würden wir das Wissen über die

Zusammenhänge und die Mittel zur Verfügung haben, könnten wir unser Leben normal weiterleben. Stattdessen müssen wir jetzt warten, bis Forscher einen weiteren Impfstoff gefunden haben, der den Virus besiegen soll. Wir Menschen geraten dabei immer weiter in die Abhängigkeit von Pharmaunternehmen, die zig-Milliarden daran verdienen und deren Interesse ausschließlich daran liegt, dass die Menschheit Probleme hat, die sie nicht allein bewältigen kann. Deshalb werden wir in Ungewissheit, Angst und vor allem Abhängigkeit gehalten. Die Regierung spricht von wirtschaftlicher Unterstützung, was für manche aber zu lange dauert. Die ersten Schließungen kleiner Unternehmen haben schon stattgefunden. Solange also einzelne von der Krise profitieren, besteht für die kein Anlass etwas zu verändern.

Menschen, die in allen Lebenslagen entspannt bleiben und dabei einen ausgeglichenen Eindruck vermitteln, bieten ihren Mitmenschen die Chance, sich sicher zu fühlen. Jeder, der nicht panisch in Aktionismus verfällt, natürlich in dem Versuch die eigenen Interessen zu verteidigen, trägt zur Beruhigung aller bei. Sobald man an anderen Menschen Selbstlosigkeit wahrnehmen kann, beginnt man darauf zu vertrauen, dass der eingeschlagene Weg nicht nur den Profit oder die Macht anderer vergrößern soll.

Dafür müssen wir Menschen lernen, dass wir uns nicht gegenseitig für die Durchsetzung des eigenen Interesses manipulieren und missbrauchen dürfen, sondern jeder für das eigene Glück selber verantwortlich ist. Sobald die Bürger verstanden haben, dass sie keine Opfer sind, die dem Machtgehabe anderer ausgeliefert sind, können sie wieder Entscheidungen treffen, die ihrem Harmoniebedürfnis entsprechen. Je mehr Menschen diese Verantwortung zu übernehmen lernen, desto weniger leben auf Kosten anderer, was uns zu dem Zustand von Selbstlosigkeit führt. Wir können uns sicher sein, dass selbstlose Menschen niemals ihr

Glück auf dem Glück anderer aufbauen und sind deshalb verlässlich und vertrauenswürdig für alle anderen.

Wieder eine andere Gruppe von Menschen haben Fähigkeiten, die es ihnen ermöglichen, aus Erfahrungen zu lernen. Sie nutzen Intellekt und Unterscheidungsfähigkeit, um die für ihre Existenzabsicherung relevanten Fakten aus jeder Erfahrung herauszufiltern, um diese dann entweder weiterhin zur Absicherung ihres Lebens zu nutzen oder sie in Zukunft zu vermeiden, weil sie als Gefahr oder wenigstens als Einschränkung wahrgenommen wurden. Diese Menschen nutzen ihre Erfahrungen und lassen sich von anderen Meinungen nicht davon abbringen. Sie haben viel Durchhaltevermögen, gesunden Menschenverstand und Unabhängigkeit zur Verfügung, die sie nutzen, um sich vor jeder Beeinflussung aus dem außen zu schützen. Stattdessen bleiben sie bei ihrem über Erfahrungen erworbenen Wissen, was ihnen guttut und was ihnen schadet. Dabei vergessen diese Fachleute für das eigene Glück allerdings, dass andere Menschen andere Bedingungen benötigen, um gesund und geschützt leben zu können.
Sie vertreten ihre Position unversöhnlich nach außen und zeigen sich dabei stolz bis hin zur Arroganz, um damit eine Außenwirkung zu erzeugen, die sicher und damit verlässlich wirken soll. Die dadurch entstehende Distanz schützt gegen weitere Einflussnahme aus der Umwelt und ermöglicht es einem, die eigenen Überzeugungen zu behalten. Um ganz sicher zu gehen, versuchen sie zusätzlich andere von ihrem Wissen zu überzeugen und kritisieren diejenigen unversöhnlich, die andere Überzeugungen und Bewertungen vertreten.
Diese Verhaltensweisen sind momentan gut bei den Experten zu erkennen, die sich ein riesiges Wissen über Viren angeeignet haben.

Ein Wissen, was dem Rest der Menschheit weitestgehend fehlt, weswegen diese Fachleute in einer Zeit der Krise, von einem Moment auf den nächsten, enorm wichtig geworden sind. Diesen Zustand der Aufmerksamkeit zu genießen ist eine menschlich nachzuvollziehende Reaktion, nachdem sie sich ihr ganzes Leben immer zurückgezogen haben, um zu studieren und dann in Laboren zu arbeiten, unbeachtet von den Augen der Öffentlichkeit. Der Virologe Christian Drosten sagte in einem Interview diesbezüglich, dass er sicher viel über Viren wisse, allerdings nichts darüber, wie man mit dem Wissen in Bezug auf die Öffentlichkeit umgehen müsste. In dieser Aussage schwingt die Erkenntnis mit, dass es überhaupt nichts bringt, zu viele Informationen über die Gefahren hat, die von Viren ausgehen, wenn man die Folgen für die Gesellschaft nicht überblicken kann.
Inzwischen gehen viele Menschen davon aus, dass diese Pandemie anders verlaufen wäre, wenn sie nicht so publikumswirksam öffentlich breitgetreten worden wäre. Sachliche Aufklärung sollte immer stattfinden, aber jede Form von Panikmache wirkt kontraproduktiv. Virologen können nur die Sachverhalte weitergeben, und damit das Wissen was sie sich in vielen Jahren angeeignet haben über die kleinen unsichtbaren Feinde. Sie selber haben irgendwann in ihrem Leben gelernt, dass es für sie ein Vorteil ist, sich zurückzuziehen und sind deshalb Wege gegangen, in denen ihnen das möglich ist. Natürlich werden sie das Wissen darüber in Stresszeiten, in denen sie gefragt werden, mit uns teilen und den Rückzug als einzig probates Mittel darstellen. Da diese Experten aber gleichzeitig den Auftritt in der Öffentlichkeit genießen, kommen sie nicht dazu, ihre Meinung zu revidieren und halten an dem alten Wissen fest, natürlich ohne sich dieses unbewussten Beeinflussung bewusst zu sein.
Wieder ist der persönliche Egoismus dafür verantwortlich, dass sich nichts verändert und Menschen an ihren eigenen erlernten

Strukturen festhalten, weil sie diese für sich als sinnvoll erachtet haben. Problematisch wird das nur, wenn sie diese Überzeugung als allgemeingültige auf andere übertragen wollen. Nur weil Menschen ein zurückgezogenes Leben bevorzugen, müssen andere deren Ideale nicht übernehmen.

Wichtig wäre es für jeden von uns, dem eigenen Leben und dem anderer, ehrfürchtig, offen, liebend und sympathisch gegenüberzustehen, weil jede Existenz eigene Möglichkeiten, Eigenschaften und Ziele hat. Dafür muss jeder Mensch lernen, worum es für ihn persönlich geht. Die Lösungen und Wege anderer sind für den vielleicht passend, aber niemals für einen anderen Menschen, der seinen eigenen Weg finden muss.

Ziel in der Corona-Krise ist es also, sich nicht von dem Wissen anderer manipulieren zu lassen, sondern Erfahrungen zu nutzen, um selber das Richtige aus einer Krise zu nehmen und es für sich zu nutzen. Die wichtigste Erkenntnis ist die persönlichen Vorteile anderer zu erkennen, die sie dazu bringt, den Konflikt erhalten zu wollen. Damit das gelingt, müssen alle anderen Menschen mit Informationen und Wissen gefüttert werden, die sie überzeugen die Bedingungen nicht verändern zu wollen. Dieser Menschentyp versucht seine verletzten inneren Anteile zu schützen. Dafür baut er eine dicke Grenzschicht auf, die aus Wissen besteht und ihn vor weiteren Verletzungen beschützen soll, allerdings ohne zu erkennen, dass man nicht nur aus Büchern lernt, sondern unbewusst alle Erfahrungen bewertet, die man in seinem Gedächtnis gespeichert hat. Die wichtigste Lernerfahrung, die wir Menschen schon am Anfang unseres Lebens machen müssen ist die, welchen Wert wir für unsere Mitmenschen haben und daraus resultierend, was wir tun müssen, um von denen anerkannt zu werden. Diese Erfahrungswerte, die für das eigene Überleben wichtig waren, versuchen wir an andere Menschen weiterzugeben, aus der Überzeugung heraus, dass dieses

Lebenskonzept das einzig tragende sein kann. Dabei verlieren wir die Liebe zum Leben und die Offenheit und Sympathie für diejenigen, deren Überlebensstrategien falsch zu sein scheinen, was erheblich zum Entstehen von Konflikten und Stress beiträgt.

Die Helfer und Retter unserer Gesellschaft haben Charaktereigenschaften, wie Liebe, Sanftmut, Loyalität und Intuition, zur Verfügung, um damit der Welt im Sinne des Gemeinwohls zu dienen.
Da sie aber auch, genau wie die anderen Persönlichkeitstypen, ihre ureigene Angst dem Leben ausgeliefert zu sein, noch nicht überwunden haben, laufen sie ständig in Gefahr, durch ihren Sanftmut und den ausgeprägten Willen Gutes zu tun, ausgenutzt zu werden.
Solange sie noch Opfer der eigenen Verunsicherung sind, haben sie kein Vertrauen in die Zuverlässigkeit der Menschen.
Deshalb versuchen sie einen Spagat hinzubekommen, zwischen dem Willen im Sinne der Gemeinschaft zu wirken einerseits und dem Versuch, sich vor Verletzungen und Enttäuschungen zu schützen andererseits. Ein Versuch, der in dieser Form niemals klappen kann, weil alle Beteiligten unter dem fehlenden Vertrauen leiden. Daraus entstehen Versuche, entweder den Beweis anzutreten, dass man das Vertrauen verdient hat oder Resignation. Ist ein Mensch mit seinen Versuchen, ein Problem zu lösen am Endpunkt angekommen, dann gibt er auf und resigniert. Depressionen sind die dazugehörigen Symptome, in denen der Betroffene seine Hoffnungslosigkeit zeigt, weil er nicht mehr weiß, wie er es ändern kann. So ein Mensch scheint keinen Antrieb mehr zu haben, aber das eigentliche Problem ist die Resignation, weil man den Glauben an sich verloren hat.
Da diese Menschen allerdings Eigenschaften wie Liebe, Sanftmut und Loyalität empfinden, können sie die Ursache für den Konflikt nicht bei

sich entdecken, sondern immer beim anderen. Sie betrügen sich dabei selber, zeigen aber den Beziehungspartnern mit einer Fassade aus Überheblichkeit, dass man sie schuldig erklärt hat, verantwortlich zu sein für alle Missstände und Probleme. Solange dieser Menschentyp nicht versteht, dass sie zwar wunderbare Eigenschaften haben, mit ihrer Erwartung anderen Menschen gegenüber zum Anlass werden für Konflikte und Stress, kann sich das menschliche Miteinander nicht zum Positiven verändern. Die Ursache für diese Erwartung liegt bei allen Menschen in der frühen Kindheit, wo sie ihr Urvertrauen verloren haben und nicht mehr daran glauben, dass alles im Leben vorhanden ist, was man benötigt. Dazu gehört nicht nur Geld, Häuser und Gebrauchsgegenstände, sondern vor allem Liebe, Mut, Kraft, Intelligenz und Zufriedenheit, deren Vorhandensein einem in allen Situationen hilft, die Kontrolle zu behalten und sich dabei selber zu führen, ohne sich von anderen abhängig zu machen. Die liebevollen und sanftmütigen Vertreter der Menschheit sind vor das große Problem gestellt, dass man sehr großes Vertrauen zu anderen Menschen haben muss, um seine Qualitäten angstfrei zu zeigen. Zu oft haben sie die Erfahrungen damit machen müssen, dass andere Menschen ihre Liebe ausnutzen oder rücksichtslos darüber weggehen, um die eigenen Interessen durchzusetzen. Persönlichkeitstypen, die sanftere „Waffen“ an die Hand bekommen haben, sollen erkennen, dass die Art der Waffe egal ist, das einzige was interessant ist, ob sie als Waffe benutzt wird. Man kann also mit Liebe genauso Menschen zwingen beziehungsweise manipulieren, wie mit Aggression und Wut.

In Corona-Zeiten werden alle Menschen gefordert, sodass die besten und die schlechtesten Charaktereigenschaften sichtbar werden. Das bedeutet für die liebevollen Retter, dass sie sich selber in ihrer Loyalität und Liebe hinterfragen müssen. Da sie meistens Jobs haben, in denen sie während der Krise chronisch überfordert werden, wird

ihr Selbstbetrug aus purer Liebe zu handeln, stark hinterfragt. Statt sanftmütig zu dienen, spüren viele Retter eine hitzige Wut darüber, dass das Problem auf ihrem Rücken ausgetragen wird, weil ohne sie das gesamte Gesundheit – und Versorgungssystem zusammenbrechen würde. Dabei gehen die Verantwortlichen automatisch davon aus, dass gerade die Menschen aus dem Gesundheitsbereich ihrer Berufung folgen und in Krisenzeiten zur Höchstleistung auflaufen.
Im Normalfall ist dieser Typ Mensch gerade bei hohen Anforderungen in seinem Element und wird solange die nötige Anerkennung spürbar ist auch nicht in seinen Bemühungen nachlassen.
Die dankbare Bevölkerung und Regierung, die tatsächlich dankbar sind, erfüllen diese Erwartungen meistens ausreichend. Im Einzelhandel gibt es nur gelegentlich Stress zwischen Kunden und Verkäufern oder Kassierer, wenn ein Kunde weiterhin darauf besteht zu hamstern. Dabei kommt es tatsächlich auch schon mal zu Handgreiflichkeiten, was die Stimmung natürlich erheblich trübt.
Ein größeres Problem besteht im Gesundheitsbereich, weil es dort zu Versorgungsengpässen kommt, die zum Teil von den Verantwortlichen verschuldet sind. Schon am Anfang der Krise haben Fachleute reichlich davor gewarnt, dass man genügend Schutzanzüge, Atemmasken, Desinfektionsmittel und vor allem Sauerstoffgeräte vorrätig haben muss. Trotz vollmundiger Reden des deutschen Gesundheitsministers ist das allerdings nicht geschehen, sodass sich jetzt zwei Probleme auftun, die beide die Arbeitsbedingungen der helfenden Berufe beeinträchtigen und von ihnen als Respektlosigkeit ihnen und ihrer Arbeit gegenüber empfunden wird. Zum einen müssen Ärzte, Schwester und Pfleger sich damit auseinandersetzen, dass auf Dauer nicht genügend Schutzkleidung vorhanden ist, sodass sie im Dienst persönlich

gefährdet werden. Die Wahrscheinlichkeit einer Ansteckung ist durch den täglichen Kontakt mit Infizierten sowieso schon im Vergleich zum Rest der Bevölkerung deutlich erhöht, ohne Schutz lässt er sich nicht mehr verhindern. Das zweite Problem stellt die Gefahr dar, nicht alle Erkrankten versorgen zu können und eine Auswahl treffen zu müssen, welches Leben lebenswerter ist und gerettet werden muss. Die Entscheidung treffen zu müssen, ist für Menschen, die Leben retten wollen, unmenschlich und belastet sie weitaus mehr als die vielen Stunden Arbeit, die sie in dieser Zeit ableisten müssen. Für alle Beteiligten wäre die Belastung leichter zu ertragen, wenn man aufrichtige Bemühungen erkennen könnte, das Problem bestmöglich zu handhaben. Dabei sollte es ausschließlich um die Gesundheit der Menschen geben und nicht um persönliche Erfolge einzelner.
Dazu gehört es auch, dass die Bedingungen so gestaltet werden, dass möglichst viele Menschen davon profitieren. Es ist respektlos auf Kosten anderer eigene Ziele umzusetzen und den Helfern noch nicht mal die besten Bedingungen zur Verfügung zu stellen.
Findet ein Mensch mit viel Idealismus die besten Bedingungen vor, wird er bereitwillig und ausgeglichen das besten aus sich herausholen. Fühlt er sich aber von anderen verletzt, reagiert er mit Enttäuschung und zeigt das, indem er die Verursacher im Stich lässt.

Die letzte Gruppe, die ich beschreiben möchte, ist die der Organisatoren. Die Menschen, die zu dieser Gruppe gehören, haben Eigenschaften wie Genauigkeit, Disziplin, Geduld, Stärke, Mut und Selbstvertrauen reichlich zur Verfügung. Wenn man Partner hat, die diese Eigenschaften für die Gemeinschaft nutzen, hat man die zuverlässigsten und vertrauenswürdigsten Menschen, die man sich wünschen kann, an der Seite. Unglücklicherweise haben auch diese Menschen irgendwann im Leben schlechte Erfahrungen gemacht, unter denen sie sehr gelitten haben. Das zwingt sie im weiteren

Leben dazu, sich vor weiteren schlechten Erfahrungen zu schützen. Dafür benutzen sie ihre Charaktereigenschaften, die es ihnen ermöglicht, diszipliniert Regeln einzuhalten, die man entweder sich selber vorgegeben hat oder von anderen stammen. Sie wissen jederzeit genau, dass sie die Stärke und den Mut haben auch unbequeme Zeiten durchzustehen, verlangen die gleiche Genauigkeit und Disziplin aber auch von ihren Mitmenschen.
Der eigentliche Sinn hinter dieser Art von Lebensführung liegt darin, sich vor weiteren schmerzhaften Erfahrungen zu beschützen. Deswegen neigen diese Menschen dazu, übergenau, bis hin zum Fanatismus darauf zu drängen, dass alle die Regeln und Vorschriften einhalten, so wie es seit tausenden von Jahren Kindern geht, die sich gesellschaftlich, soziologisch und kulturell immer an die Lebensbedingungen anpassen muss, in die sie geboren werden. Anpassung verlangt von Menschen alles an Disziplin, Stärke und Mut, was sie zur Verfügung haben, weil nicht weniger von einem verlangt wird, als sich selber aufzugeben.
Genau das verlangen in den heutigen Zeiten Politiker von den Bürgern. Sie sollen sich den Regeln und Vorschriften anpassen, die sich Menschen ausgedacht haben, die genauso betroffen und ängstlich sind wie ein normaler Bürger. Dabei müssen sie sich auf die Aussagen der Experten verlassen, weil sie von der Materie ebenfalls nichts verstehen. Was sie allerdings perfekt beherrschen, ist die Einhaltung ihrer Vorschriften zu kontrollieren. Das geht soweit, dass Politessen Falschparker aufschreiben, wenn schon alle Geschäfte geschlossen sind und die Menschen aufgefordert sind, zu Hause zu bleiben.
Diese Persönlichkeitstypen, die genau auf die Einhaltung von Regeln und Vorschriften achten, haben die Chance zu lernen, dass man andere nicht dazu zwingen kann, sich an Anweisungen zu halten, um sich so vor weiteren Verletzungen und Enttäuschungen zu schützen.

Aus diesem Grund halten sie eisern an Überzeugungen fest, die sie irgendwann einmal für richtig befunden haben.
Dieses Verhalten kann man bei Politikern beobachten, die aus Vorsicht an allen Beschränkungen festhalten und deswegen nichts Positives vermelden, sodass Angst und Sorgen weiterhin das Denken und Verhalten aller beeinflussen und das nur, weil wir von Menschen geführt werden, die Angst vor Veränderung haben.

Ich habe Beispiele gewählt, die Menschen beschreiben, die Positionen innehaben, die es ihnen ermöglichen, tatsächlich etwas zu verändern. Solange diese Menschen aber eben auch nur Menschen sind, die von ihrem Unterbewusstsein und damit ihrem Instinkt geführt werden, versteckt sich immer eine persönliche Absicht hinter ihrem Vorhaben, die niemals dem Interesse der Allgemeinheit entspricht.
Jede Krise hat das Potential zur Veränderung. Dafür müssen die beteiligten Menschen „nur" ihrer eigenen Angst bewusstwerden, die sie dahingehend beeinflusst, egoistisch zu handeln und damit Konflikte aufrechtzuerhalten.
Verantwortlich sind allerdings nicht nur die Menschen, die Führungspositionen besetzen, sondern die gesamte Menschheit, also auch diejenigen, die sich im Moment wie Opfer fühlen. Auch die haben die egoistische Absicht eine bestimmte Lebensqualität haben zu wollen, haben sich das Wissen angeeignet, wie sie ihre Interessen durchsetzen können, wollen dabei ihre Ideale verwirklicht sehen und kennen die Struktur und die Regeln, die dafür eingehalten werden sollen. Diese Menschen fühlen sich zum Beispiel durch Hunde gestört, weil die herumrennen, auch mal kläffen und ihre Hinterlassenschaften hinterlassen. Anstatt aber darauf zu vertrauen, dass Menschen respektvoll miteinander umgehen und deshalb Rücksicht auf andere nehmen, erschaffen sie Konflikte, indem sie

Hundebesitzer teilweise unflätig angehen, um ihnen die Regeln und Vorschriften vor Augen zu führen, die die bitte einhalten sollen. Sie rechtfertigen diese Angriffe dadurch, indem sie Erfahrungen und Bewertungen abrufen, bei denen sie negative Erlebnisse hatten und deswegen genau „wissen", dass es immer so ist. Wenn man auch noch die Lebensform von Tier und Mensch ablehnt, sind alle Komponenten zusammen, die man braucht, um den Hundefreunden das Leben schwer zu machen. Unglücklicherweise erwecken sie mit ihrer herausfordernden und erzieherischen Art nur den Widerstand derjenigen, die sie eigentlich zu erreichen versuchen. So wird aus dem Wunsch, rücksichtsvoll behandelt zu werden, ein Krieg, bei dem es keine Gewinner geben kann, genauso wie es jetzt im Großen auch beim Kampf gegen einen Virus geschieht.

Nicht der Virus ist der Feind, sondern der Egoismus einzelner Menschen oder Gruppen, die rücksichtslos ihre Ziele erreichen wollen und dafür mit den Ängsten und Sorgen aller Menschen spielen.

Ich sage mit keinem Wort und will mit keiner Silbe andeuten, das Covid-19 einen sehr gefährlichen Verlauf nehmen kann und sämtliche Sicherheitsbedingungen eingehalten werden müssen, solange man die Folgen einer Infektion nicht beherrschen kann. Da die Lösung aber schon gefunden ist, ist es nicht zu verstehen, warum dieses leicht herzustellende Medikament nicht eingesetzt wird, sondern die Verantwortlichen auf einen Impfstoff warten.

Momentan gibt es zu viele Menschen, die einflussreiche Positionen haben, die von ihren eigenen Interessen gelenkt werden, anstatt sich um das Wohl aller zu kümmern.

Zusammenfassend kann man beobachten, dass sich Stress auf alle Menschen auswirkt und dabei ihre schlimmsten Seiten zum Vorschein bringt. Dabei ist die Beobachtung unabhängig von der Art des Stresses. In der Covid-19 Krise sind schon mögliche zusätzliche Belastungen wie zum Beispiel Luftverschmutzung und Elektrosmog besprochen worden, die den Krankheitsverlauf negativ beeinflussen sollen. Aber neben diesen von offizieller Seite ebenfalls erfassten Stresskriterien, existieren unzählige andere Faktoren, die jeweils nicht alle die gleiche Wirkung bei den Menschen haben. Fakt ist aber, dass jeder Mensch mindestens ein Thema hat, dass bei ihm heftige emotionale Reaktionen und damit Stress auslöst. Jeder nicht bearbeitete Stress muss vom Organismus beantwortet werden, was auf Dauer zu einer Überbelastung wird, weil der Körper sich unter der Dauerbelastung erschöpft, weswegen es zu erheblichen körperlichen Veränderungen aller Gewebe und Organe kommen kann. Das Fazit besteht darin, dass Stress einen Menschen aus dem inneren Gleichgewicht bringt, sodass ein Virus ein leichtes Spiel hat, die Zellen zu besetzen und Krankheit auszulösen.

Stress ist der Anlass zur Veränderung

Wie schon oben erwähnt, reagieren Menschen, ihren Charaktereigenschaften entsprechend, unterschiedlich auf Stress. Bei allen Krisen geht es um die Einsicht, dass Stress die Ursache und damit der Auslöser für menschliches Verhalten ist. Man unterscheidet nicht nur die individuell verschiedenen stressauslösenden Erfahrungen, sondern ebenso die unterschiedlichen Reaktionen auf Reize aus dem außen und innen. Natürlich nutzen Menschen ihre vorhandenen Charaktereigenschaften, um die angenommene Rolle auszufüllen, die ihnen dabei helfen sollen, abhängige Partnerschaften zu leben, ohne die sie nicht überleben können. Bei dieser Art der Lebensführung bleiben die eigenen Vorstellungen, Wünsche, Bedürfnisse und Ideale unberücksichtigt. Solange das Gehirn aber Reize empfängt, die es als Stress wahrnimmt, bleibt es in Alarmbereitschaft, sodass das Selbst sich nicht durchsetzen kann. Eine große Krise gibt den nötigen Anlass zur Veränderung, weil die instinktiven Handlungen nicht mehr zum Erfolg führen, der darin liegt, sich erfolgreich durchgesetzt und damit gewonnen zu haben. In der Corona-Krise gibt es momentan noch keine Gewinner, sondern nur Verlierer. Um alle Menschen zu Gewinnern zu machen, muss man verstehen, warum Krisen überhaupt einen Sinn machen. Sobald man aus der Frage nach dem „Warum" eine Suche nach dem „Wozu" macht, kann der Konfliktherd heilen. Dabei stellen wir Menschen den Konfliktherd dar, weil wir instinktiv gesteuert, nicht an das Wohl aller denken, sondern uns nur egoistisch zu schützen versuchen. Diese Art von Verhalten erzeugt in der Kommunikation Abwehr und Widerstand, die wiederum neuen Stress auslösen. Anstatt der Welt die eigenen Ideale und Ideen zu präsentieren, bekommt man nur eine leere Fassade geliefert. Da man sich auf die Zuverlässigkeit solcher Menschen nicht verlassen kann, distanzieren sich alle voneinander. Eine Krise, die genügend Stresspotential in sich trägt, zwingt Menschen dazu, neue Erfahrungen zu machen. Dabei können sie zu verschiedenen, für sich selber interessanten Einsichten kommen, die das Denken, Fühlen und Verhalten verändern können.

So machen in der heutigen Zeit viel Widder die Erfahrung, dass sie in ihrer üblichen Art aktiv zu sein, stark beschnitten werden und dadurch ihre Unabhängigkeit verlieren.
Da ein Widder sehr aktiv und dynamisch ist, neigt er dazu, in allen Situationen mit anderen Menschen in einen Wettstreit zu treten und diesen auch gewinnen zu wollen und reagiert mit Aggression auf die Versuche anderer ihm diesen Erfolg zu nehmen. Die große

Herausforderung liegt darin, die Auswirkungen von impulsiven, aggressiven, und damit instinktgesteuerten, Verhalten und die daraus resultierende Wirkung für die Gemeinschaft zu erkennen.
Die Widder unserer Gesellschaft helfen uns allen also dabei, die nachteilige Wirkung von instinktgesteuertem Verhalten zu erkennen, die das Vertrauen in die Zuverlässigkeit nachhaltig zerstört.

Die Aufgabe der Stiere liegt in der Erkenntnis, dass Menschen den egoistischen Wunsch haben, sich selber zu schützen. Dafür lernen sie alles darüber, wie man sich in der Welt behaupten kann, um so die nötige Stabilität zu haben, um bestehen zu können.
Die Herausforderung für Stiere liegt darin zu erkennen, wie Menschen aufeinander reagieren, wenn einzelne oder alle dickköpfig darauf bestehen, alles besitzen zu wollen, was sie zu brauchen meinen, weil die Ausschließlichkeit immer auf Kosten anderer geht.

Zwillinge arbeiten an der Einsicht, dass Menschen in ihrem Egoismus andere verletzen, die sich dann in sich zurückziehen, um sich vor weiteren schmerzhaften Erfahrungen im Miteinander zu schützen. Sie zeigen der Umwelt dann immer nur noch eine oberflächliche Fassade, die sehr kommunikativ und vielseitig erscheint. Die Art der Verbindung wird nicht als wirkliche Nähe empfunden und von Mitmenschen als enttäuschend, wenn nicht sogar verletzend erlebt, weil sie sich als unwert empfinden, dem anderen nah sein zu dürfen.

Die Krebse helfen der Menschheit dabei, Erkenntnisse zu gewinnen, wie sich Angst, Stimmungsschwankungen und eine Verteidigungshaltung auf die Qualität von Beziehungen auswirken. Krisen und Konflikte aktivieren den Wunsch sich schützen zu wollen, wenn nicht sogar zu müssen. Aus diesem Bedürfnis entwickelt sich das typische menschliche Verhalten, sich zurückzuziehen, weil man

Menschen, andere Lebewesen oder die Natur als die Verursacher der eigenen Angst identifiziert hat. Mit der eigenen Angst aber und dem daraus resultierenden Rückzug, aktiviert man die Angst der Mitmenschen, die nicht unbedingt den Anlass teilen, aber unter der entstandenen Distanz leiden.

Die Löwen können mit ihren Energien von Großzügigkeit, Selbstvertrauen und Warmherzigkeit das Leben aller erleichtern. Da die Welt aber noch kein Ort ist, an dem man spielerisch und genießend existieren kann, besteht die Aufgabe des Löwen darin, die Gemeinschaft zu der Erkenntnis zu führen, dass wir nicht alles so ernst nehmen müssen. Das Problem der Gruppe aber besteht in der Tatsache, dass Menschen sich gegen die Führung anderer zur Wehr setzen. Um das Leben leichter zu machen, müssen wir dahin kommen, uns weder abhängig führen lassen zu wollen noch diese einfach zu bekämpfen, sondern uns selber zu führen.

Die Jungfrauen wollen und sollen etwas über Bescheidenheit lernen. Dafür machen sie viele individuelle Erfahrungen damit, dass sie andere Menschen von ihren Ängsten, Sorgen und Verwirrungen befreien wollen, dabei aber die falschen Mittel anwenden und damit die Situation noch zusätzlich belasten.
Sie haben dabei die Chance zu erkennen, dass der eigene Perfektionismus zu einer kleinlichen Haltung führt, die dazu führt, andere ständig zu kritisieren, weil die nicht dem Erwartungsbild entsprechen. Das entspricht dem Verhalten aller Menschen im täglichen Umgang miteinander und bildet die Grundlage dafür, dass man einerseits dazu neigt, sich den Erwartungen anderer möglichst genau anzupassen oder sehr viel Mut aufbringen muss, etwas zu äußern, was die Kritik im außen wachrufen kann.

Die Waage-Geborenen versuchen in ihrem Leben zu Einsichten zu kommen, die ein gerechtes und harmonisches Miteinander möglich machen.
Da die Menschen allerdings bisher in der Evolution immer nur schmerzhafte Erfahrungen im Umgang miteinander gemacht haben, weil sie sich zu sehr auf andere verlassen wollten, fehlt ihnen das Vertrauen in die Zuverlässigkeit anderer. Nun kann man sich die Frage stellen, ob es eine berechtigte Forderung einzelner ist, sich von der Stärke und der Leistungsfähigkeit anderer abhängig zu machen, um die damit zu überfordern und ihnen zusätzlichen Stress zu verursachen.

Skorpione haben die Kraft zur Erneuerung. Um an den Punkt zu kommen, an dem man mit Bewusstsein bereit ist das Alte zu zerstören, muss man erkennen, wohin uns das menschliche Miteinander bisher gebracht hat. Statt Frieden und Harmonie erleben wir Eifersucht, Rachsucht und überall die Tendenzen zur Zerstörung und Selbstzerstörung. In der Zeit der Corona-Krise sprechen manche Experten von einem momentan stattfindenden kollektiven Selbstmord. Ich glaube zwar nicht, dass diese Menschen den wahren Sinn dahinter verstanden haben, aber genau das findet momentan statt: Wir zerstören alle alten Gewohnheiten, Vorurteile und Bewertungen, um darauf eine neue Form der Gesellschaft aufbauen zu können, die frei ist von Ängsten, Sorgen und Verwirrungen.

Die Schützen sind die Vertreter der Menschheit für Wahrhaftigkeit, Forschertum, Optimismus und kühnen Intellekt. Damit alle Menschen diese Eigenschaften nutzen können, helfen uns die Schütze-Geborenen dabei, indem sie Herausforderungen wie Übertreibung, Taktlosigkeit und Rücksichtslosigkeit überwinden lernen, die beim Auftreten von Konflikten und Stress sichtbar werden. Da die

Menschen immer unter Stress leiden, fühlen sie sich ständig von der Taktlosigkeit und Rücksichtslosigkeit anderer belastet, ohne zu erkennen, dass jeder nur versucht das eigene Überleben abzusichern und dabei natürlich nicht an andere denken kann. Auf dieser Erkenntnis kann sich leicht Verständnis füreinander entwickeln und daraus die Konsequenz, dass man andere Menschen nicht für das eigene Leben verantwortlich machen darf.

Die Steinböcke sind die Repräsentanten für Verantwortung, Fleiß und Disziplin. Sie müssen wiederholt schmerzhafte Erfahrungen durchleben, weil sie an Traditionen und überholten Werten festhalten, weil sie sich daraus einen persönlichen Erfolg versprechen, der darin besteht, dass sie sich geliebt und anerkannt fühlen. Menschen, die an alten Werten festhalten, zeigen sich oft dickfellig, weil sie sich selber aus den Möglichkeiten bringen, zu viel zu fühlen. Dieses Verhalten dient dem eigenen Schutz, damit man weder die Umgebung noch sich selber hinterfragen muss. Ihre Lebenseinstellung ist allerdings eher pessimistisch, weil sie sich selber die Chance nehmen, etwas zu verändern und deshalb auch nicht erwarten, dass sich etwas verändern kann.
Die Steinböcke helfen der Welt im Moment damit, zu erkennen, dass wir Menschen die Stärken von Disziplin und Verantwortung in uns tragen und diese nutzen können, wenn wir uns aus dem alten, abhängigen und hierarchischen System befreien.

Die Wassermann-Energie ist vor allem das Bewusstsein, dass alle Menschen genial sind so wie sie sind. Da wir aber im Laufe der Menschheitsgeschichte unzählige Erfahrungen des Scheiterns gemacht haben, und dies im aktuellen Leben auch schon wiederholt haben, verlieren Menschen ihre Mitte und damit das harmonische Gleichgewicht zwischen ihrer Durchsetzungskraft und Kreativität. Die

Folge daraus ist ein Leben in Abhängigkeit, in dem diejenigen die zum Täter geworden sind, verächtlich auf die hilflosen Opfer herabblicken. Die Erkenntnis in Krisensituationen liegt darin, die Genialität aller anzuerkennen.

Die Aufgabe der Fische-Geborenen liegt darin, nicht nur empfänglich, mitfühlend und vor allem selbstlos das Leid aller auf sich nehmen zu wollen, ganz im Sinne von Jesus Christus, sondern die negativen Folgen der daraus resultierenden Handlungen zu erkennen. Wenn hypersensible Menschen Stimmungen und Emotionen wahrnehmen, führt das zu einer Überbelastung mit dem Bewusstsein, an der Situation nichts ändern zu können. Daraus resultiert ein Gefühl der Hilflosigkeit und die einzige Möglichkeit, die einem bleibt ist die Flucht, gerne auch mal in eine Sucht. Der Fisch ist also der Repräsentant der Menschen, der ihnen zum Spiegel der eigenen Hilflosigkeit wird, weil wir nicht daran glauben, etwas tun zu können. Allein die Erkenntnis, dass wir Stärken und Eigenschaften in uns zur Verfügung haben, hilft dabei den eigenen Wert zu erkennen. So können wir uns jederzeit darauf verlassen, dass jeder Mensch mitfühlend und selbstlos sein kann, wenn er sich nur traut oder tiefgründig, ernsthaft, diszipliniert, kommunikativ, vielseitig, bescheiden und vieles mehr, was uns hilft in Kontakt zu treten, weil wir uns in der Gemeinschaft anerkannt und sicher fühlen und genauso auf die anderen Gruppenmitglieder vertrauen.

Covid-19 ist nur ein Virus, der uns dabei hilft, Fehler aufzudecken. Anstatt wie bisher allerdings immer andere zum Schuldigen zu erklären, enthüllt dieser kleine und unsichtbare Feind all unsere Illusionen, mit denen wir einander das Leben schwer machen.
Covid-19 bringt Energien in unser Leben, die unter anderem die Möglichkeit zur Heilung impliziert. Damit ist nicht nur die entzündungshemmende Wirkung einer harmonisch miteinander lebenden Gesellschaft gemeint, sondern auch die Tatsache, dass Menschen die Chance haben, für sich und das Leben Verantwortung zu übernehmen und dadurch andere nicht mehr zu belasten.
Außerdem hilft der Virus dabei, den Prozess der Befreiung von Altlasten voranzutreiben und sich dabei von überflüssigen Gewohnheiten, Ängsten, Sorgen und Verwirrungen zu entgiften.
Dafür müssen wir ein neues Bewusstsein entwickeln, dass wir nur Stress miteinander haben, weil wir einander zu manipulieren und auszunutzen versuchen und die Reaktionen darauf, nie so ausfallen, wie wir es uns erwünschen würden. Unsere Partner werden so zu Gegner und im besten Fall zu Verbündeten, aber nie zu gleichberechtigten Freunden.
Covid-19 fordert unsere Geduld heraus. Wenn wir die Zeit aber nutzen, kann daraus Weitblick werden, und damit die Fähigkeit über das Offensichtliche hinauszuschauen und die Vision einer besseren Gesellschaft dahinter wahrzunehmen.
Genauso verhilft er uns dazu, uns nicht mehr bedingungslos von einer äußeren Führung abhängig zu machen, sondern stattdessen eigene Wünsche und Bedürfnisse wahrzunehmen.
Wir bekommen in der Corona-Krise reichlich Raum und Zeit, uns mit unseren eigenen Ängsten zu beschäftigen. Wenn man bedenkt, dass die Angst davor nicht geliebt alleingelassen zu werden, zwingt den Menschen dazu, sich verpflichtende Beziehungen aufzubauen und diese zu erhalten. Anstatt einfach „Ich liebe dich“ zu sagen,

unterdrückt man aufrichtige Emotionen, weil es nicht in die erwarteten Konventionen und Strukturen passt. Der nicht geäußerte Ausdruck zeigt sich gerne über einen permanenten Hustenreiz. Auch der trockene Reizhusten, der Covid-19 – Infektionen auszeichnet, zeigt diesen unterdrückten Impuls, die eigenen Gefühle ehrlich zu zeigen.
In einer Welt, in der alles schnelllebig ist und jeder hetzt, um den eigenen Verpflichtungen nachzukommen, nimmt die Angst nicht gut genug zu sein, niemals ab und wird so zu einem Stress, den man niemals besiegen kann.
Dazu passen die Beobachtungen, wo Corona seine Wirkung voll entfacht. Die Menschen sind nicht in der Lage ihn zu besiegen, wenn sie sich nicht verändern. Sobald sie zu einer eigenbestimmten und selbstverantwortlichen Lebensweise gefunden haben, werden sie innerlich heilen und so ihre Anfälligkeit für Krankheitserreger überwinden. Das wiederum wird sie zu einer nie gekannten Einsicht ihrer eigenen Stärken und Eigenschaften führen, die auch das Leben anderer beeinflussen wird.
Wir haben die riesige Chance, die Welt zu einem besseren Ort zu machen als bisher, wenn wir aufhören uns in unsere selbsterbauten Gefängnismauern zurückzuziehen, sondern beginnen herauszufinden, was wir selber vom Leben zu erwarten haben.

Die Welt nach Corona

Die Welt ist nach einer wirklich großen Krise nie wieder so, wie sie mal war. Das konnten wir auch schon nach dem 2. Weltkrieg beobachten, bei dem wahrscheinlich alle Beteiligten verstanden haben, dass sie nicht so weitermachen können wie bisher. Da allerdings zu dem Zeitpunkt niemand genau wusste, was genau zu

verändern ist, haben alle nur versucht, keine weitere Schuld auf sich zu laden.
Dieser Versuch ermöglicht aber ebenfalls kein harmonisches und friedliches Miteinander, weil die Menschen spüren, dass sich hinter der Illusion, ein guter Mensch zu sein, immer ein Egoist versteckt, der ausschließlich seine eigenen Interessen auf Kosten anderer durchsetzt.
Wenn diese Krise eine gesellschaftliche Veränderung bewirken soll, dann muss sie genutzt werden. Dafür kann man versuchen, aus der Zukunft in die Gegenwart zurückzublicken und wird dabei feststellen, dass die meisten Menschen sich schnell angepasst haben und die aufgezwungene Ruhe sogar genießen konnten. Andere, die Angst vor Einsamkeit hatten, stellten fest, dass sie viel intensivere Kontakte hatten als im normalen Leben, wo das Tempo enge Bindungen nicht möglich gemacht hat. Familien lernten wieder miteinander zu spielen und Paare miteinander zu sprechen, kurz gesagt, die Menschen lernten wieder miteinander zu kommunizieren und nutzten dabei die modernen medialen Techniken, um Kontakt zu halten, Geschäfte zu machen und zu lernen.
Die Menschen können in dieser Zeit lernen, dass Übertreibungen, Oberflächlichkeit, Triviales, Zynismus und Arroganz, die Menschen voneinander trennt und damit Mittel darstellen, andere von sich zu distanzieren, wie wir meinen die Distanz aus Sicherheitsgründen zu brauchen. In Zeiten von Krisen, in denen Ängste alles beherrschen, wird es überflüssig, andere von sich fernzuhalten. Stattdessen beginnen die Menschen wieder das Bedürfnis zu spüren, aufeinander zuzugehen und lernen dabei, sich nicht als Gegner zu begegnen, sondern als Gleichgesinnte und Gleichgestellte, die das gleiche Ziel verfolgen, nämlich das Leben gesund und frei leben zu können.
Aus dem Gegeneinander oder Füreinander kann ein Miteinander werden, indem keiner so tut als ob er zu schwach ist, um

Verantwortung tragen zu können oder andere den Anschein von Stärke zeigen, um sich damit ständig zu überfordern, weil beide Typen tief in ihrem Inneren einfach nur Angst vor Enttäuschung und Verletzungen haben und sich deshalb von ihren Mitbürgern zurückziehen. Aus der Distanz heraus fällt die Kontaktaufnahme leichter, weil man sich bewusst dafür entscheidet, genügend Zeit zur Verfügung hat und die Sicherheit hat, jederzeit abbrechen zu können, wenn man sich überfordert fühlt. In dieser Atmosphäre kann Vertrauen aufgebaut werden in die Aufrichtigkeit und Zuverlässigkeit anderer Menschen. Dabei entsteht eine Basis, auf der man sich Nähe vorstellen kann.
Die Angst vor Einsamkeit endet in dem Moment, indem man feststellt, dass man sich immer mit andern verbinden kann, wenn man es selber will und sich dafür die Zeit nimmt.

Jeder einzelne Mensch ist in der Verantwortung einen positiven Ausdruck zu geben, mit dem andere in Resonanz gehen können. Da wir alle untrennbar miteinander verbunden sind, beeinflussen wir uns gegenseitig mit unserer Stimmung. In jedem Menschen finden sich Wut, Aggression, Unzufriedenheit, Traurigkeit und vor allem Angst, was aber nichts mit dem Auftreten eines Virus zu tun hat. Wir sind wütend, weil wir uns nicht wunschgemäß durchsetzen können, unzufrieden, weil wir uns von anderen isolieren oder uns von ihnen abgelehnt fühlen, traurig, weil wir uns alleine fühlen und haben Angst, dass wir so nicht überleben können.
Corona hat das alles ans Tageslicht gebracht, weil wir in Zeiten von Einschränkung, Bevormundung, Ausgangssperren und vielen salbungsvollen Reden viel Zeit haben, diesen Emotionen zu begegnen. Die Hoffnung besteht in der Einsicht, dass niemand von uns erwartet hat, dass wir uns anpassen und dass wir damit auch nichts an der Situation verändern. Niemand hat zum Beispiel seiner

Mutter damit geholfen, sich aus dem einschränkenden Gefühl der Abhängigkeit zu befreien, indem man ihr zu gefallen, ihre Wünsche und Sehnsüchte unterstützt, und die eigenen dafür aufgibt. Wenn man sich aufgegeben hat, bleibt nur noch ein angepasster Mensch übrig, der nur eine Rolle spielt. So ein Mensch ist kein zuverlässiger und vertrauenserweckender Partner, weil er, wegen der Vielzahl an Erwartungen auswählen muss, welche zu erfüllen sind und welche nicht. Eine Reaktion eines Menschen als Antwort auf die Erfordernisse einer Situation führt dann zur Zufriedenheit der einen und zu Wut und Aggression bei anderen. Man findet dann gleichzeitig Annahme und Ablehnung, ausgelöst durch eine einzige Reaktion. Das verursacht Ängste, Sorgen und Verwirrungen bei Menschen, die doch immer nur das Richtige tun wollen, damit sie von anderen angenommen und respektiert werden. Das Ergebnis, das ihrer Hoffnung auf Nähe und Liebe nicht entspricht, lässt es nicht zu, dass sie den frühzeitig erlernten Weg der Anpassung, an die Erwartungen anderer Menschen weitergehen.

In dieser Zwickmühle befinden sich auch die Menschen, die sich, während der Corona-Krise, sehr unterschiedlichen Erwartungen anpassen müssen. Es gibt Experten, die vor einer Gefahr warnen, die existentiell ist und geben damit die Erwartung bekannt, dass jeder aufgerufen ist, die Welt zu retten, indem man zu Hause bleibt. Andere, genauso renommierte Fachleute bewerten die Situation als ungefährlich und sagen, dass hier Menschen übertreiben. Das führt natürlich zur Verunsicherung, weil keiner mehr weiß, an welche Erwartungen man sich anpassen muss.
Genauso verhält es sich mit unserer Regierung: Einerseits werden den Bürgern Vorschriften gemacht und auf deren Einhaltung rigoros geachtet, aber andererseits hat man es von offizieller Seite lange versäumt, die Krankenhäuser und Pflegeeinrichtungen mit dem

geeigneten Material zu versorgen. Die dahinter versteckten Aussagen vermitteln keine klare Aussage, weil man auf der einen Seite die Dringlichkeit spürt, die aber auf der anderen Seite fehlt.
Die Bürger bekommen also widersprüchliche Erwartungen vermittelt, auf die sie reagieren müssen. So haben viele Menschen, auch in Italien, noch lange die Kontaktsperre nicht eingehalten, einfach weil sie eine Erwartung von „So schlimm ist es nicht" gespürt haben, während andere eine Katastrophe erwartet haben.
Je länger die Situation andauert und je mehr Menschen sich mit einer Vielzahl an Informationen auseinandergesetzt haben, desto größer wird die Chance, das Menschen anfangen, sich ein eigenes Bild zu machen. Das wäre dann der erste Schritt zu mehr Eigenverantwortung und Selbstkontrolle.

Die Chance in der Krise liegt also vielleicht darin, zu erkennen, dass man sich von anderen abhängig macht, um das eigene Überleben abzusichern. Das was bei Babys und Kleinkindern bis 3 Jahren aber noch überlebenswichtig ist, weil die tatsächlich von der Aufmerksamkeit ihrer Umgebung abhängig sind. Wir wissen instinktiv, dass wir ohne die Fürsorge anderer, nicht überleben können. Deshalb übernehmen wir Abhängigkeit erzeugende Verhaltensmuster und ordnen uns in der Hierarchie so ein, wie man es von uns erwartet. Daraus werden Opfer-, Täter- und Retterrollen, die uns ein Leben lang erhalten bleiben, weil niemand einen Grund erkennen kann, sich daraus wieder zu lösen. Wir haben gelernt, dass wir immerhin überleben können, wenn wir bei diesen mühsam erlernten und konditionierten Verhaltensweisen bleiben. Der Vorteil, ein Gefühl der Sicherheit zu haben und das auch kontrollieren zu können, überwiegt den Nachteil die eigenen Wünsche und Sehnsüchte nicht leben zu können.

Dieser Vorteil aber löst sich in dem Moment auf, indem ein kleiner Virus nicht nur zur Gefahr, sondern gleich zur existentiellen Bedrohung erklärt wird. Niemand kann sich mehr auf die Aussagen anderer verlassen und keiner weiß, welche Maßnahmen erfolgsversprechend sind oder ob alle Pläne und Strategien vollkommen übertrieben sind.
Die Konsequenz aus dem ganzen Durcheinander aber liegt darin, dass Menschen erkennen, dass sie sich nicht auf andere verlassen dürfen und können, sondern selber aktiv werden müssen.
Anders als bei Babys und Kleinkindern, die noch nicht rational und vernünftig denken können, hat sich diese Fähigkeit im Laufe des Lebens mehr oder wenig deutlich entwickelt, aber die Anlagen dafür sind auf alle Fälle vorhanden. Sobald Menschen aufhören, sich in ihren Erwartungen den Erwartungen anderer anzupassen, um sich so einen respektierten und anerkannten Platz in der Gemeinschaft zu sichern, entsteht der Raum und die Zeit herauszufinden, was man selber will.
Dafür muss man sich der Einsicht stellen, dass alle Menschen individuelle Absichten haben und dafür den eigenen persönlichen Willen einsetzen. Sobald man eine Absicht hat, die man nicht aus eigener Kraft umsetzen kann, lebt man auf Kosten anderer, die einem bei der Umsetzung helfen sollen. Potentielle Partner reagieren unbewusst auf die Absicht und registrieren die Manipulation, die angewendet wird, um den anderen zur Mitarbeit zu bewegen, was entweder gelingt, weil der Partner sich ebenfalls etwas davon verspricht oder die Beziehung zerstört. Die Absicht des persönlichen Willens zielt immer auf Bequemlichkeit, Sicherheit und Macht ab. Dafür lebt man die Rolle, die man irgendwann angenommen hat, weil man sich von ihr den größten Erfolg versprochen hat, das zu bekommen, was man sich wünscht. Da die Menschen nicht auf sich und ihre Leistungsfähigkeit vertrauen, machen sie sich von anderen

abhängig. Partner sollen ihnen dabei helfen, das durchzusetzen, was sie sich vom Leben wünschen, es aber nicht aus eigener Kraft erreichen können. Dieses Prinzip funktioniert der gegenseitigen Abhängigkeit funktioniert bis in die heutige Zeit. Solange die Beteiligten jeweils auf ihre Kosten kommen, besteht für niemanden ein Grund, etwas an den Regeln der Gemeinschaft zu verändern. So profitieren die Opfer von der Macht der Täter, weil sie in deren Schatten die Sicherheit spüren, die sie alleine nie hätten. Umgekehrt können die Täter ohne die abhängige Mitarbeit der Opfer ihre Machtstruktur nicht aufrechterhalten. Nach diesem Prinzip ist die hierarchische Ordnung der Gesellschaft noch heute geregelt. Erst wenn das Chaos größer geworden ist, als der Wunsch die gewohnte und vor allem bequeme Lebensführung beizubehalten, entsteht langsam die Motivation etwas zu verändern.
Der erste Schritt zur Veränderung ist es, die Leistung anderer anzuerkennen und sie nicht mehr wie gewohnt als Konkurrenten wahrzunehmen, sondern den Beitrag zu respektieren, den jeder für die Gesellschaft leistet. Menschen, die noch niemals Beachtung gefunden haben, erleben nun das Mitbürger, die in der bisher geltenden Hierarchie über ihnen standen, ihnen dankbar ihre Aufmerksamkeit schenken, wodurch sich aber an ihre Lage nichts verändert. Sie werden immer noch schlecht bezahlt und werden in den Zeiten nach Corona wieder unbeachtet sein, weil wir Menschen unglaublich schnell vergessen können, wenn etwas nicht mehr relevant ist. Deshalb haben viele Menschen aus allen Bevölkerungsschichten Interesse daran, dass der Ausnahmezustand noch länger andauert, wie zum Beispiel die Bequemen, die sich zurückziehen dürfen, Arbeitskräfte, die endlich mehr Beachtung finden, Politiker und Experten, die sich profilieren können, Mütter und Väter, die ihre Kinder beschützen, Menschen, die nicht zur Arbeit oder zur Schule gehen müssen usw. Alle ziehen einen individuellen

Vorteil aus der Krise und ignorieren dabei die Folgen für das Große und Ganze.
Der zweite Schritt führt zu der Einsicht, dass Respekt und Anerkennung anderer nicht zufriedener macht, wenn man nicht mit sich selber zufrieden ist. Wenn man dann ehrlich in sich hineinschaut, kann man sich dabei ertappen, dass man die Bequemlichkeit genießt, nicht arbeiten zu müssen oder die Macht, die eigenen Erwartungen und Bedürfnisse durchzusetzen und das Gefühl der Sicherheit, das man empfindet, wenn man Recht hat mit dem was man denkt und sich als Sieger fühlt. Man erkennt dabei, dass Menschen dazu neigen, der Welt eine Illusion von sich zu zeigen, die den Erwartungen entspricht, die andere an einen haben. Diese Erkenntnis führt zum dritten Schritt auf dem Weg zu einer fundamentalen Veränderung, der darin besteht, sich so zu verhalten, dass man Respekt vor der eigenen Leistung haben kann. Dafür reicht keine nette Fassade, hinter der sich der reine Egoismus versteckt, sondern Ehrlichkeit und Wahrhaftigkeit. Diese Beiden sind Qualitäten, die Vertrauen in die Zuverlässigkeit bei anderen Menschen auslösen, um so zu deren Beruhigung beitragen.
Die Erfahrung als vertrauenswürdig und zuverlässig wahrgenommen zu werden, und diesen Eindruck auch noch an den Reaktionen anderer bestätigt zu sehen, verändert etwas Elementares an der Einstellung sich selber gegenüber. Respekt vor den Leistungen anderer macht es möglich, sich selber zu respektieren. Anstelle von Schuld und Scham, weil man andere in ihren Möglichkeiten einschränkt, weil man sie herablassend behandelt, entsteht die Zufriedenheit Veränderungsprozesse möglich gemacht zu haben, nur weil man den anderen nicht bekämpft hat. Wir lernen daraus, dass man, indem man andere freilässt, selbe frei wird.
Die Krise, die durch einen Virus ausgelöst ist, hat das Potential in sich, das Denken vieler Menschen zu beeinflussen, indem sie zu der

Einsicht kommen, dass sie bisher von ihrem Unterbewusstsein, das dem Instinkt entspricht, gesteuert wurden. Der menschliche Instinkt entspricht dem eines Tieres und verfolgt ausschließlich das Ziel, das Überleben abzusichern. Dafür ruft er im Falle einer Gefahr automatisierte Verhaltensmuster ab, die den Organismus beschützen sollen.

Corona stellt eindeutig einen Stress dar, auf den der Instinkt gewohnheitsmäßig reagiert. Das passiert bei allen Menschen, unabhängig von Intellekt oder Wissen, und ist deshalb auch bei allen Beteiligten während der Krise zu beobachten.

Sobald eine Information aus der Umgebung empfangen wird, verarbeitet das Gehirn diese Reize, um den Organismus optimal darauf einzustellen. Dazu gehört es auch, dass der Körper auf Aktivität eingestellt wird, instinktiv vor dem Feind wegrennen oder ihn bekämpfen zu können. In Zeiten der Aktivität aber fehlt dem Organismus die Zeiten der Entspannung um regenerieren zu können. Da die Informationen über Covid-19 24-Stunden am Tag über Wochen auf die Menschen einwirkt, befinden die sich im Dauerstress und werden dabei immer anfälliger für Krankheiten. Da in Stresszeiten der Instinkt das Kommando übernommen hat und dabei die Gefäße enger stellt und Atmung und Herz schnell werden lässt, befindet sich der Organismus 24- Stunden am Tag in Alarmbereitschaft und ist jederzeit bereit zu rennen oder zu kämpfen. Da regenerative System zu, dem der komplette Stoffwechsel gehört, ist aber in dieser Zeit lahmgelegt, sodass lebenswichtige Stoffe wie Hormone und Enzyme nicht aufgebaut und überflüssige oder sogar schädliche Substanzen nicht aus dem Körper entfernt werden können. Der Organismus muss seine Aktivitäten auf diese Weise aktivieren, da es für eine Flucht oder einen Kampf nicht empfehlenswert wäre, wenn der Mensch in der Zeit die Toilette benutzen muss oder Durst hat. Deswegen neigen wir Menschen in

Zeiten des Stresses dazu, wenig Wasser zu trinken und die falschen Dinge in möglichst kurzer Zeit zu uns zu nehmen. In Zucker und Weizen, aber auch Alkohol finden wir in kompakter Form die Energie, die wir in diesen, für uns so schweren Zeiten, dringend brauchen. Sie enthalten viel Kohlenhydrate, die der Körper sehr schnell verdauen und zu Energie umbauen kann. Interessant in diesem Zusammenhang ist doch die Beobachtung, dass die Menschen bevorzugt Nudeln als Grundnahrungsmittel gehamstert haben. Offenbar sind sie instinktiv gesteuert losgezogen, und haben sich mit dem versorgt, was ihnen das Leben retten soll.
Wie schon erwähnt, werden in Zeiten, die vom System als gefährlich eingestuft werden, die besten und die schlechtesten Seiten aktiviert. Da die meisten Menschen immer noch von ihrem unterbewussten Instinkt beschützt werden, hat das kluge Bewusstsein nicht die Möglichkeit Einfluss zu nehmen. Deshalb kann man überall egoistisch motivierte Mitbürger beobachten, die versuchen das eigene Überleben abzusichern, bei Bedarf auch auf Kosten anderer. Wir erleben einander also in so einer Zeit als Gegner, und begegnen den anderen misstrauisch. Das wiederum führt zu weiteren Verletzungen und Enttäuschungen, die den Stresspegel noch weiter anheben und den Instinkt noch mehr aktivieren. In diesem Teufelskreis stecken wir im Moment fest. Da uns mit Corona allerdings ein Dauerstress geschenkt wurde, wird uns auch die Zeit geschenkt, unter den Folgen zu leiden. Einerseits kann man Menschen beobachten, deren instinktive Gewohnheiten auf Dauer nicht funktionieren, weil sie sich von anderen abhängig gemacht haben, wie es zum Beispiel bei einem Mann der Fall ist, der von seinen Eltern immer noch Hilfestellung bekommt, obwohl er eine eigene Familie und ein eigenes Leben hat. Er hat instinktiv gelernt, dass er sich auf seine Eltern verlassen kann und die immer für ihn da sind, muss aber in der Corona-Zeit damit umgehen lernen, dass seine sehr alten Eltern zur Risikogruppe

gehören und tatsächlich irgendwann sterben können. Bei vielen Menschen besteht die Abhängigkeit darin, zu wissen, dass der andere einfach da ist, wann immer man ihn braucht, was sehr viel Sicherheit und ein Gefühl der Geborgenheit gibt. Irgendwann dringt die Erkenntnis ins Bewusstsein, dass man alleine ist, was für den Instinkt ein riesiger Schock ist, an dem man aber wachsen kann. Sobald der Mann diese Erkenntnis gewonnen und sie mit seinen persönlichen Erfahrungen und Beobachtungen integriert, wird er wissen, dass er dem Leben und seinen Aufgaben gewachsen ist. Diese Einsicht, dass er immer Stärke, Mut, Durchhaltvermögen, Ideen und vor allem Liebe gehabt hat, um das eigene Leben meistern zu können, kann die Grundlage für ein eigenbestimmtes Leben sein, frei von Abhängigkeit von der Hilfestellung anderer. Auf dieser Basis kann ein eigenverantwortliches und selbstbestimmtes Leben aufgebaut werden.

Viele Menschen machen, gerade in der heutigen Zeit, individuelle Erfahrungen damit, sich schwach und hilflos zu fühlen. Sie rufen dann instinktiv die unbewusst verankerten automatisierten Gewohnheiten ab, um so ihre abhängigen Partner zu mobilisieren, anstatt das Problem aus eigener Kraft zu beherrschen. Sobald sie ihre Abhängigkeit erkannt haben, können sie sich daraus lösen, sodass sie zum ersten Mal in ihrem Leben Erfahrungen mit der eigenen Stärke machen können. Erst wenn man sich als durchsetzungsstark, verständnisvoll, geduldig, empfindsam, intelligent, liebevoll und diszipliniert erlebt hat, weiß man, dass man alles hat, was man braucht, um das Leben erfolgreich zu bewältigen.

Jede Krise bietet den besten Anlass, um sich selber auf eine neue Art zu begegnen. Lassen Sie sich doch einmal wirklich überraschen, wer Ihnen dann aus dem Spiegel entgegenblickt. Sie werden überrascht und sehr erfreut darüber sein und denken Sie daran:

Das ist der Mensch, den die anderen Menschen ebenfalls wahrnehmen!

Bedürfnisse

Wir haben alle Bedürfnisse, und wünschen uns, danach leben zu dürfen. Dazu gehören zum Beispiel, Verbundenheit, Aufmerksamkeit, Dazugehörigkeit, Rückzug, Stille, Gerechtigkeit oder Sicherheit. Die Durchsetzung dieser wichtigen individuellen Anliegen ist die größte menschliche Antriebskraft, die wir haben. Für deren Umsetzung setzen wir Strategien ein, die als Verhalten für andere Menschen erlebbar werden. Die dabei genutzten Mittel und Wege werden von den Mitmenschen als Kampfansage empfunden, die ihren Bedürfnissen gegenüberstehen.
Letztendlich entstehen alle Konflikte nur auf der Basis von Egoismus, die eigenen Bedürfnisse über die anderer zu stellen und vorhandene Talente, Fähigkeiten und Charaktereigenschaften für die erfolgreiche Durchsetzung egoistischer Interessen einzusetzen.
In der Coronakrise kämpfen manche mit all ihren Talenten darum, ihre Ideen von Harmonie und Frieden zu verteidigen, um sich sicher fühlen zu können. Dabei kommt es zu Ängsten, Sorgen und Verwirrungen, weil unterschiedliche Menschen auch unterschiedliche Bedürfnisse haben und dementsprechend auch Harmonie nicht unter den gleichen Bedingungen empfinden. Bei dem ehrlich gemeinten Versuch, eine zufriedenstellende Lösung zu finden, die bei einer Mehrzahl deren individuellen Bedürfnisse erfüllt, die Interessen der unzufriedenen Menschen aber vernachlässigt.
Da Bedürfnisse allerdings immer nur auf persönliche Anliegen ausgerichtet sind und nicht auf das Interesse einer Gruppe, kann eine Mehrheit, deren individuelle Bedürfnisse auf Privatsphäre, Rückzug,

Leichtigkeit, Aufmerksamkeit, Nähe und vielen mehr mit den Ergebnissen eines Maßnahmenplans sehr zufrieden sein, wobei deren Zufriedenheit nicht durch ausgewogenen Pläne im Kampf gegen einen Virus zustanden kommt, sondern weil deren Bedürfnisse berücksichtigt werden. Die Menschen aber deren Wünsche nicht berücksichtigt werden, sollen sich ungehört zurückhalten und den Frieden der Zufriedenen nicht stören. Konflikte entzünden sich durch die Emotionen der Menschen, die sich in ihren Bedürfnissen nicht beachtet fühlen und darauf mit Wut, Ärger und Traurigkeit reagieren, aber auch durch die derjenigen, die sich durch Querulanten und Querdenker, die dem Mainstream nicht folgen, in ihrem Harmonieempfinden gestört fühlen. Dabei liegt die Motivation aller aber nur in dem egoistischen Versuch, darauf aufmerksam zu machen, dass sie entweder in ihren Bedürfnissen nicht berücksichtigt werden oder Angst davor haben, dass andere ihnen den Zustand der Zufriedenheit zerstören, wenn sie ihre eigenen Bedürfnisse leben und erleben dürfen.

Menschen machen im Laufe ihres Lebens individuelle Lebenserfahrungen, die die Grundlage bilden für erfolgreiche bedürfnisorientierte Lebenskonzepte. Sobald sich ein Mensch erfolgreich in einer Lebenssituation durchgesetzt hat, wird er die erfolgreichen Strategien im weiteren Leben immer wieder einsetzen, um andere zu kontrollieren.

Sie haben gelernt, wie sie sich zu verhalten haben und setzen das Verhalten, das den größten Erfolg verspricht ein, um zu manipulieren und zu kontrollieren. Da alle Menschen Strategien entwickelt haben, behindern sie sich gegebenenfalls gegenseitig bei einer erfolgreichen Umsetzung.

Da Menschen frühzeitig im Leben lernen mussten, dass es für die Wertschätzung der Gesellschaft nicht ausreicht, sich auf die eigenen vorhandenen Talente und Eigenschaften zu verlassen, eigenen sie sich nicht nur Wissen an, sondern lernen auch an andere Autoritäten zu glauben, von denen man sich Hilfestellung bei der Umsetzung der eigenen Bedürfnisse verspricht. Auf diese Weise lernen Menschen, sich von anderen Menschen, Ideen oder Institutionen abhängig zu machen, und verteidigen deshalb ihre Ideale gegen die Ideale anderer, die in ihrer Andersartigkeit die eigenen Wertvorstellungen in Frage stellen. Da niemand von dem eigenen Selbstwert überzeugt ist und sich deshalb auf einen Wert im außen verlassen muss, verteidigen sie ihre Idealvorstellungen fanatisch gegen andere Überzeugungen. Anstatt sich auf die Entwicklung und Wachstum eigener Ressourcen zu konzentrieren, erschöpft sich die Leistungsfähigkeit der Menschen an dem Stress, ihren Glauben an das was gut ist, gegen andere Überzeugungen zu verteidigen. Covid-19 stellt einen solchen zusätzlichen Stressor dar, der den Tropfen darstellt, der das Fass zum Überlaufen bringt. Der neue Reiz entwickelt sich zu einem Konflikt, weil unterschiedliche Menschen unterschiedliche Verhaltensweisen gelernt haben, basierend auf einem individuell erworbenen Wissen auf welche Werte und Eigenschaften man sich im Leben verlassen kann. Die Konflikte entstehen entweder dadurch, dass Menschen die eigenen Strategien gegen Überzeugungen anderer durchsetzen wollen oder abgeschreckt werden, weil die Überzeugungen ihrer idealisierten Partner und Institutionen in Stresszeiten nicht zuverlässig erscheinen. Alle Menschen versuchen ihre Vorstellungen eines erfolgreichen Lebenskonzepts auf andere zu übertragen und geben dafür die notwendigen Regeln und Vorschriften vor. Die daraus entstehende Struktur basieren auf Erfahrungswerten, deren Relevanz in der Gegenwart und erste Recht nicht in der Zukunft nicht mehr gegeben ist. Menschen vermeiden weitere schlechte und meist schmerzhafte Erfahrungen, indem sie anderen ihre Vorstellungen von der Form des Zusammenlebens vorschreiben.

Auf diese Weise verbirgt sich schon im Alltagsleben viel Stresspotential, weil alle Menschen versuchen, ihre Idealvorstellungen von einem bedürfnisorientierten Leben durchzusetzen, das die Chance auf Harmonie und Frieden besitzen soll, dabei aber an Vorstellungen und Erwartungen anderer scheitern. Covid-19 stellt einen geeigneten zusätzlichen Stress dar, der das Potential besitzt, Menschen zum Nachdenken anzuregen. Sobald sie erkennen, dass sie ihr Leben darauf ausrichten, Stress zu vermeiden, können sie erkennen, dass es den damaligen Stressfaktor in der Form nicht mehr im Leben gibt. Bis man aber zu der Erkenntnis kommt, wirkt sich jeder zusätzliche Stress belastend auf den Organismus aus, der sich auf körperlicher Ebene bereits durch den andauernden Kampf, die eigenen Bedürfnisse durchzusetzen, erschöpft hat.
Die Folgen des andauernden Stresses haben die Mineralstoffdepots des Körpers erschöpft, die für alle physiologischen ablaufenden Stoffwechelfunktionen des Organismus benötigt werden. Sobald die Depots geleert sind, fehlen Reserven für Aufbau, Erhalt und Reparaturen des Körpers, sodass er anfällig für weiteren Stress wird, der sich körperlich in Form von Krankheiten zeigen kann.
Eine probate Lösung liegt nicht darin, Stress vermeiden zu wollen, sondern sich zu stärken, dass Stress nicht krank macht. Dafür müssen Menschen lernen, auf sich zu vertrauen, um sich dadurch aus der Abhängigkeit zu anderen befreien zu können. Sie können dann ihre Talente und Eigenschaften nutzen, um das Leben zu gestalten, anstatt abhängige Beziehungen aufrechtzuerhalten und dabei Konflikte zu schüren.
Das Bedürfnis nach Harmonie und Frieden, das sich alle Menschen teilen, kann sich nur erfüllen, wenn wir einander freilassen, das Leben nach eigenen Wertvorstellungen zu gestalten.

Literaturverzeichnis

Schüssler Feichtinger, Thomas; Elisabeth Mandl; Susan Niedan-Feichtinger, 2017, *Handbuch der Biochemie nach Dr.Schüßler*, Haug-Verlag

Printed by Books on Demand GmbH, Norderstedt / Germany